# 委托人与代理人的
## 目标冲突及融合

张孝梅　著

The Conflict and the Integration of the Principals and Agents' Targets

中国人民大学出版社
·北京·

致戚聿东先生：

发现、激发我的研究潜能，教我分析问题并保持思想开放的导师

# 序

随着全球范围内投资的兴起，经济全球化和经济自由化的发展，以及各种腐败、丑闻、公司倒闭案件的增多，委托代理问题引起了国际社会的普遍关注。近年来，各国企业出现了“强管理者，弱所有者”现象。现代企业激励与约束之间的关系严重失衡，过度向经营者的权利倾斜导致了十分明显的责权利不对称，然而，矫枉过正也使得激励约束机制失去了应有的作用。

在现实经济社会，代理人的规模偏好处处可见，却又常常被忽视及误解。《委托人与代理人的目标冲突及融合》一书，堪称是第一部将代理人的规模偏好描述及分析得如此详尽的专业论著。在社会、人文及商业环境的改变过程中，将代理人的规模偏好因素纳入公司治理决策中尤为重要。书中的见解为我们解决复杂的经济问题提供了积极、良性的思考方向及方法。

**戚聿东**

2014 年 10 月 8 日

# 目　录

# 第1章 绪 论

## 1.1 研究背景及问题的提出

经济学将企业的目标界定为企业价值最大化，那么在市场有效的情况下，企业价值最大化就可以及时而准确地反映为股东财富的最大化。在现代企业中，价值创造是一切企业所追求的核心目标。能够创造高于资本成本的价值，是衡量一切企业家经营才能和工作绩效的根本标准，也是判断企业成功与否的关键依据。真正意义上的企业，其首要责任是维护股东利益，保证股东利益最大化。这是企业承担社会责任的基础，是实现其他利益相关者利益的必要条件。目前有些企业所谓的社会负担过重，实际上是本末倒置，忽视了对股东的最基础责任。股东财富最大化的目标如果受到持续损害，企业就根本无法维护其他利益相关者的利益，比如企业持续亏损而引发破产，其直接后果是无法向银行还贷、员工失业、政府税收减少等等，这是一个连环效应。鉴于此，企业家应承担起作为代理人的责任，以股东财富最大化为首要目标。

然而，这一目标的实现要受到诸多因素的影响，其中委托人与代理人的目标冲突就是一个主要因素。随着两权分离，企业内部产生了股东和经营者之间的委托代理关系。在这种关系中，由于委托人（股东）和代理人（包括董事会、经理班子、监事会成员）都是“有限理性”的“经济人”，双方无可避免地存在着由于目标不一致而产生的利益冲突。当冲突产生时，代理人为追求自身的利益而损害委托人的利益。自伯利-米恩斯（Berle-Means）之后的半个多世纪以来，委托人与代理人之间的利益冲突一直被认为是现代公司的核心代理问题。代理人通过自身的人力资本为公司创造价值，而公司也为代理人提供相应的报酬，并使代理人的自我价值得以实现。然而，由于代理人的目标函数有别于委托人的目标函数，再加之信息不对称和不确定性，加大了委托人观察和监督的难度，从而出现代理人偏离委托人的目标函数，使得损害委托人利益的可能性增加。这种代理行为的“弱无效”会导致股东价值的显著减损。

从代理人方面来看：一是代理人的利益和目标有别于委托人的，因而他们和委托人的效用函数会有所不同；二是代理人在经营过程中拥有私人信息，而为了谋求自身利益的最大化，有可能会产生损害委托人利益的机会主义行为。而从委托人方面来看：一是股东可能缺乏相关的知识和经验，因而没有能力去对经营者进行有效监控；或者股东过于繁忙，结果导致没有过多的精力、时间来对经营者进行监控。二是由于股东对经营者进行监控需要成本，但所产生的绩效提高却是一种公共物品，所以众多中小股东都想坐享其成，免费“搭便车”。

自伯利和米恩斯 1932 年提出两权分离理论以来，已经有不少经济学家注意到了委托代理条件下的企业目标分歧问题，并对此进行了深入研究。比较著名的有鲍莫尔（Baumol，1959）的销售最大化假设、马里斯（Marris，1964）的成长最大化假设和威廉森（Williamson，1967）的经理效用最大化假设以及西尔特和马奇（Cyert and March，1963）提出的行为型厂商模型，等等。这些基于现实而产生的厂商目标理论迄今在主流经济学、管理学中依然没有得到反映。这一点从经济学和管理学教科书以及其他理论文献中普遍地使用企业家追求利润最大化假设可以明显地反映出来。①

代理人对企业的兴衰存亡起着决定性作用，但其决策只有部分可以在短期内见效，而更多的决策需要较长时间才能见效。当对代理人的评价倾向于短期目标时，代理人为了快速突出自己的工作绩效，可能会倾向于那些短期内会带来好处但不利于公司长期发展的计划。另外，由于缺乏健全的激励约束机制，便不可避免地出现日本学者青木昌彦所称的“内部人控制”。在内部人控制的情况下，经营者往往将大量资源进行非生产性配置，从而扩大自己的控制权收益。企业激励和约束机制越不健全，代理人行为偏离委托人的目标也就会越严重。

随着全球范围内投资的兴起，经济全球化和经济自由化的发展，以及各种腐败、丑闻、公司倒闭案件的增多，委托代理问题引起了国际社会的普遍关注。近年来，各国企业出现了“强管理者，弱所有者”② 的

① 参见戚聿东、钟涵：《委托代理条件下企业家的规模偏好及其矫正》，载《经济管理与研究》，2009（11）：35～40 页。

② 马克·J·洛对代理人损害委托人的现象进行了生动深刻的论述，很形象地称之为“强管理者，弱所有者”，并将其研究成果写入名为《强管理者 弱所有者》一书中。

现象。一些国家的企业委托代理问题主要是由于股权高度分散导致股东对管理层缺乏约束而外部监督机制不完善所造成的。与此相反，中国委托代理的现状则是股权相对集中，由于国有股权所有者的缺位而形成了内部人控制。但无论是股权分散还是集中，其后果都很相似——缺乏足够的控制权约束机制，经营者的权利过多过滥，而所有者的控制决策却流于形式或被虚化。现代企业激励与约束之间关系严重失衡，过度向经营者的权利倾斜导致了十分明显的责权利不对称，然而矫枉过正也使得激励约束机制失去了应有的作用。

由此，本书引发了如下思考：

第一，代理人区别于委托人的具体目标到底是什么？代理人的目标与委托人的目标是否存在不可调和的矛盾？

第二，如果委托人的目标与代理人的目标可以调和，那么可以通过哪些措施来实现二者的融合？

第三，不同企业实现委托人与代理人的目标融合机制是否存在路径依赖性？这一路径又是什么？

对于以上三个问题的探索正是本书的主题。

## 1.2 本书的有关界定

在探讨委托人与代理人的目标冲突之前，首先需要对“委托人”和“代理人”进行界定。哈特（Hart，1995）认为，董事会成员一般并非企业的股东，它通常由在职经理来挑选，所以没有必要在经理人和董事会成员之间进行区分。这种情况在我国更加明显。我国上市公司的总经理同时又是董事会成员，董事会成员和监事会成员在公司中担任一定职务的现象十分普遍。在本书中，委托人是指企业的出资者即股东，而代理人包括高层管理人员、董事和监事。在本书以下的研究中，股东即指“委托人”，而文中的“经营者”、“企业家”、“职业经理人”、“管理者”、“高层管理人员”等称呼都是指“代理人”。

## 1.3 相关理论及文献回顾

对于委托人与代理人目标差异的研究，国内外学者做了大量努力，获得了丰富的研究成果。自 20 世纪以来，各国学者从不同视角揭示了掌握控制权的管理者和拥有所有权的股东之间目标差异的问题。对于这一问题的阐述，学者从各自的研究角度给出了不同的解释，可谓仁者见仁，智者见智。

### 1.3.1 “两权分离”理论

两权分离即公司所有权与控制权的分离，这一现象是与股份公司相伴而生的，是股份公司固有的特征。企业的所有权与控制权在传统的企业制度[①]下合二为一，而在现代股份制公司中是分离的。“两权合一”使得经营动力机制在传统企业制度下不成问题，而“两权分离”却使得经营动力机制成为现代股份公司成败的关键。

亚当·斯密（Adam Smith，1776）较早认识到股份公司两权分离这一问题。他指出，股份公司董事管理的不是他们自己的钱而是别人的钱，因此，不能期望他们会像私人合伙企业中的合伙人那样尽心尽力。他认为，股份公司经营不善的主要原因是企业由非所有者从事经营管理。在这里，斯密切中了股份公司的根本特征和主要问题。凡勃伦

① 传统的企业制度包括业主制或合伙制等。

（Veblen，1923）也在《无主所有制》中论述了联合股份公司的前途和所有权与控制权分离的趋势。但对此进行充分论证的是伯利、米恩斯和钱德勒（Alfred D. Chandler）。

伯利和米恩斯（1932）在大量实证材料分析的基础上得出结论：到20世纪20年代末，现代公司的所有权与控制权实现了分离，控制权由所有者手中转移到了管理者手中，而管理者的行为经常偏离股东的利益。随着现代股份公司规模的进一步扩大和股权的高度分散，股东对自有资本及公司财产的经营控制变得更加困难，企业核心权力由所有者向经营者转移也成为必然。伯利和米恩斯首次对股份公司的两权分离问题进行了系统研究。他们指出，所有者在企业中的地位，已降低为仅在企业中拥有一系列合法的、实际的利益，而我们称之为控制者的集团，则居于对企业拥有法律和实际权力的地位。这一命题突破了传统企业追求利润最大化的假设，开创了从激励角度研究企业的先河。

伯利和米恩斯指出，“无论在公司经营、收益分配，还是在公开的证券市场上，股东都具有某种明确界定的权益。一般来说，这都是为了股东的利益。”①但是，这一学说并没有明确代理人所追求的具体目标，而只是指出，代理人不可能自动地为股东谋求利益，相反，他们为追求自身利益的最大化，往往导致浪费和非效率。假设代理人追求的是个人收益，那么他们的利益与所有者的利益是完全对立的，因为“单纯追求利润的控制者集团绝不会很好地服务于所有者”②。伯利和米恩斯列举了1900—1915年间，美国一些铁路公司的破产案都是源于控制集团对

① 阿道夫·A·伯利、加德纳·C·米恩斯：《现代公司与私有财产》，132～133页，北京，商务印书馆，2005。

② 同上，133～134页。

自身利益的追求，而相应的破产损失都落到了证券持有人的身上。[①] 这些历史的实证也说明了企业的委托人（所有者）与代理人（企业家）之间的确存在很大的目标差异，协调二者之间的利益已经成为一个经济管理的难题。

伯利（1954，1959）进一步论述了这种分离现象。[②] 伯利（1954）指出，公司制度的兴起以及随之而来的由于工业在公司形式下的集中而产生的所有权与管理权的分离，是20世纪中第一个重要变化。这种两权分离表明，一方面，现代公司制企业出现了权力配置中排挤投资人的现象，即企业的所有者不再直接拥有企业的经营权，甚至不再拥有企业的人事决策权，而成为一个纯粹的"食利者"阶层；另一方面，掌握企业管理权的经理则对企业实施着实际的控制。

钱德勒（1977）通过对美国现代工商企业形成的历史过程进行考察发现，到20世纪初，在国民经济中居中心地位的已经是各种现代工商企业，并由中、高层支薪经理而非市场机制来管理并协调各单位的工作，这些经理已形成一个新的企业家阶层。20世纪的美国已经由崇尚自由竞争的企业家资本主义进入到经营者资本主义时代，职业经理层已成为最有影响力的经营决策者集团。"1963年，200家最大的非金融公司中有169家，也就是84.5%是由经理控制的……因此，到20世纪60年代时，在美国经济的一些主要部门中，经理式的公司已经成为现代工商企业的标准形式"[③]。钱德勒这里所说的"经理式的公司"是指已经

① 参见 Chicago & Alton Railway Co. 12I. C. C. 295 - 1907，Pere Marquette Railway Co. 44I. C. C. 1 - 1914，Chicago，Rock Island & Pacific 36I. C. C. 43 - 1915，New York，New Haven & Hartford 31I. C. C. 32 - 1914，St. Louis & San Francisco Ry. Co. 29I. C. C. 139 - 1914。所有这些铁路公司都已处于接管之中或处于由具有很大疑问的直接或间接财务管理而导致的财务困境中。

② 详细请参阅伯利所写的《20世纪的资本主义革命》和《没有财产权的权力》两本著作。

③ 小艾尔弗雷德·D·钱德勒：《看得见的手——美国企业的管理革命》，581～582页，北京，商务印书馆，1987。

实现所有权与控制权分离，而由职业经理人掌握控制权的现代股份公司。

从钱德勒的分析中可以看出，促使现代公司制大企业两权分离的主要有市场规模和管理制度创新两个因素。两权分离在促使大规模社会化生产成为主流生产方式以及现代公司成为主要企业形态的同时，也带来了新的问题。在古典企业里，所有者与经营者合二为一，只有一个声音、一种意志、一个目标，因此不会产生所有者与经营者的利益分歧。但是，在现代公司制企业所有权与控制权分离的情况下，由于所有者和经营者是不同的利益主体，二者之间难免产生摩擦甚至冲突。即使在清晰的委托代理关系下，由于代理人拥有企业内部信息和经营才能及努力程度等私人信息，也很难为委托人所监督。而理性的代理人又往往具有基于自身利益和信息优势的机会主义动机，因而现实中的委托代理契约不可能是一个完全契约。这就需要设计一套相应的制度安排，使委托人基于自身利益对代理人的行为进行监督和激励，委托代理问题应运而生。

### 1.3.2 委托代理理论

如前文所述，现代公司的根本特征是两权分离。股东是出资人，但却不直接从事经营，而委托代理人进行日常经营管理，所产生的风险由委托人承担。那么如何使具有私人目标和利益的代理人能够维护委托人的利益并为实现委托人的目标而努力，这就是委托代理理论所研究的核心问题。委托代理理论的基本理念是：拥有物质资本的股东是委托人，而拥有人力资本的经营者是代理人，代理人是追求自身经济利益的经济人，他们的目标函数有别于委托人，具有强烈的机会主义倾向。

詹森和麦克林（Jensen and Meckling，1976）、法玛和詹森（Fama

and Jensen，1983）指出，代理理论研究的目标是设计一种机制或契约，为代理人提供有效激励和约束，促使他们向有利于委托人利益的目标努力工作。詹森和麦克林（1976）[①]、普拉特和泽克豪泽（Pratt and Zeckhauser，1985）[②]、罗斯（Ross，1973）、格罗斯曼和哈特（Grossman and Hart，1986）、阿罗（Arrow，1985）[③] 分别给委托代理关系下了定义，表述上虽有所不同，但却揭示了委托代理关系的共性，即委托代理关系是基于委托人的委托授权而发生的代理关系，委托人的利益依赖于代理人的行为。

对于代理问题产生的原因，哈特（1986）认为有两个：信息不对称和契约不完备。[④] 阿罗（1985）认为不确定性是代理问题产生的重要原因。[⑤] 哈特指出，在现代企业中，由于委托代理关系的存在，缔约各方的目标必须加以协调才能趋于一致，而这种协调由于契约的不完备和信息的不对称，不可能低成本进行。在这种情况下，如何设计针对代理人的激励约束机制、维护委托人的利益就十分重要。

普拉特和泽克豪泽（1985）认为，代理成本就是代理人实施代理行为而给委托人所造成的成本和利益损失。詹森和麦克林（1976）把代理

---

① 参见《新帕尔格雷夫经济学大辞典（第 3 卷）》，1035～1036 页，北京，经济科学出版社，1992。

② 参见 John W. Pratt and Richard J. Zeckhauser，"Principles and Agents：An Overview，" in *Principles and Agents*：*The Structure of Business*，Boston，1985。转引自黄明：《公司制度分析》，203～204 页，北京，中国财政经济出版社，1997。

③ 参见 Kenneth J. Arrow，"The Economics of Agency，" in *Principles and Agents*：*The Structure of Business*，Boston，1985。转引自黄明：《公司制度分析》，205 页，北京，中国财政经济出版社，1997。

④ 参见 O. Hart，"Corporate Governance：Some Theory and Implications，" *The Economic Journal*，1995（105）：678－689。

⑤ 参见 Kenneth J. Arrow，"The Economics of Agency，" in *Principles and Agents*：*The Structure of Business*，Boston，1985。转引自黄明：《公司制度分析》，205 页，北京，中国财政经济出版社，1997。

成本概括为：委托人的监管支出、代理人的保证支出、剩余损失（residual loss）。[①] 阿尔钦和德姆塞茨（Alchian and Demsetz，1972）在其团队生产理论中提及代理成本，认为企业是一种团队生产，成员易出现偷懒行为，因而就需要激励监督者去监督其团队成员的行为，这期间势必要发生相关成本。詹森和麦克林（1976）认为，代理人的行为决策与实现委托人利益最大化的行为决策之间会存在某些偏差，而这些偏差将使委托人的利益遭受货币损失。这种货币损失是代理关系产生的费用之一，被称为“剩余损失”。法玛（Fama，1980）指出，大多数企业的决策过程是在职业经理人的控制下完成的，而他们的利益未必与股东的利益相一致，当职业经理人谋求自身利益最大化时，必然会侵害股东的利益，因此产生代理成本。

从国内情况看，对委托代理问题的研究源自 20 世纪 90 年代初以建立现代企业制度为特征的国企改革。周小川等（1994）认为，国企改革的关键在于建立合理的公司治理结构，就是要界定好所有者、董事会和总经理的关系。张维迎（1995）论证了资本雇佣劳动而不是劳动雇佣资本的必然性，从而对所有制问题以及国企占主导的经济中经理市场的形成提出了自己鲜明的观点。青木昌彦、钱颖一（1995）对内部人控制进行了探讨。张承耀（1995）、费方域（1996）则结合国企改革，深入研究了内部人控制现象，提出了解决内部人控制问题的一些措施。林毅夫（1995）指出，所谓的公司治理结构，是指所有者对一个企业的经营管理和绩效进行监督和控制的一整套安排。总体而言，西方学者研究委托代理问题的历史比国内长得多，研究范围和深度也要大于国内学者。

以上委托代理理论认为，委托代理关系所带来的经济效益，是以代

---

① 参见 M. C. Jensen and W. H. Meckling，“Theory of the Firm：Managerial Behavior，Agency Costs and Ownership Structure，” *Journal of Financial Economics*，1976（13）。

理人全心全意为委托人服务为前提的。但委托代理关系中的天然缺陷，使得上述前提很难被满足：

第一，目标不一致。即委托人与代理人的目标函数不一致。委托人拥有剩余索取权，追求的目标是利润最大化；而代理人的目标是多元而丰富的，除了追求更多的货币收益外（基本工资、奖金、津贴等），还尽可能追求更多的非货币收益（在职消费、职业安全、事业成就、社会声望和权力地位等）。如果没有合理的激励约束机制，代理人就可能偏离委托人的目标，从而导致委托人的利润最大化目标难以实现。如詹森和麦克林（1976）所指出的："如果委托代理关系的双方当事人都是效用最大化者，就有充分的理由相信，代理人不会总以委托人的最大利益而行动。"

第二，责任不对称。代理人掌握企业的经营控制权，而对经营所产生的效果即盈亏并不承担最终责任。这种权力与责任的不对称，加大了企业经营风险，而对代理人制约的弱化，使得股东利益安全受到威胁。

第三，信息不对称。代理人在某些方面掌握着"私人信息"，主要表现在：代理人直接控制并经营企业，具备专业技能与业务经营上的优势，容易获取私人信息并采取私人行动。尽管委托人会拥有一些了解企业经营状况的途径和方法，但因知识、能力、时间等因素的限制，委托人对代理人不可能实施全面的有效监督。

第四，契约不完全。不完全契约（GHM）理论①认为，委托代理关系是一种契约关系。这种契约关系因信息不对称、不确定性等客观因

① 不完全契约理论，即GHM（Grossman-Hart-Moore）模型或称所有权—控制权模型，是由格罗斯曼和哈特（1986）、哈特和莫尔（Hart and Moore，1990）等共同创立的，因而这一理论又被称为GHM理论。国内学者一般把他们的理论称为不完全合约理论或不完全契约理论，因为该理论是基于如下分析框架：以合约的不完全性为研究起点，以财产权或（剩余）控制权的最佳配置为研究目的。这一理论是分析企业理论和公司治理结构中控制权的配置对激励和信息获得的影响的最重要工具。GHM模型直接承继科斯、威廉森等开创性的交易费用理论，并对其进行了批判性发展。

素的存在，因而不可能包罗万象、天衣无缝。而这种天然漏洞恰恰为代理人损害委托人利益的行为提供了机会。

由于委托代理关系存在上述天然缺陷，代理人有可能不完全按照委托人的意图行事，而出现以牺牲所有者目标利益去追求个人利益的“非效率现象”。具体表现为“逆向选择”和“道德风险”问题。因此，委托人需要通过对代理人进行适当的激励约束，以引导和纠正代理人偏离股东目标的行为。但代理人追求的目标到底是什么？这是防范委托代理风险需要识别的最迫切问题和关键。

### 1.3.3 目标差异理论

代理理论的一个首要假设就是委托人和代理人的目标有冲突。经理可能更倾向于“利己主义”（Boatrigh，1999），可能更专注于那些能够在短期内产生利润的项目和投资，而不是那些经长期经营使股东财富最大化的项目。德米拉和泰莱科特（Demira and Tylecote，1992）、彭罗斯（Penrose，1959）、加尔布雷思（Galbraith，1967）、威廉森（1964）指出，管理者存在获取超额控制权收益的客观基础和动机。自伯利和米恩斯提出两权分离理论以来，相当多的学者注意到了委托代理条件下的委托人与代理人目标分歧问题。现代厂商理论中的经理型厂商理论和行为型厂商理论对此做了比较经典的阐述。

#### 1.3.3.1 经理型厂商理论

经理型厂商理论把企业看成是股东、经理和工人的结合体，而结合体内各类人员的目标是相互冲突的。在这个结合体中，企业高层管理者的地位最重要，他们拥有企业经营活动的决策权，负责协调企业内相互冲突的目标，而股东实际拥有的权力很小。经理型厂商论者认为，企业高层管理者只要实现必要的利润水平，保证股东满意的股息和企业发展必需的投资，同时维持好的信誉，以便从银行获得贷款，保持股票价格不下降，避免被吞并的危险，那么企业高层管理者就可以自行永续了。[①] 但同时也使得他们有可能偏离最大利润目标，转而采取能使他们自己的效用最大化的目标和政策。

经理型厂商理论直接继承和发展了伯利和米恩斯的主张，更为明确地提出，现代公司本质上是个等级制机构，最高级的经理确定公司的目标，监督较低级别的经理和员工达到这样的目标。如果经理是自利的人，而且不是企业完全的所有者，他一定会最大化自己的效用，而不是公司整体的效用。经理目标既有财务上的目标，也有很多非财务目标，比如要加强他们的地位、特权和权力等等。经理总是在不特定的环境下寻求股东利益和个人利益的权衡，他们不是完全不顾及股东的利益。相反，为了保住职位，他们也会努力保持一定数量的净利润和一定数量的分红，以获得股东对企业绩效的满意。这是因为，如果股东不满，无论是通过用手投票还是用脚投票，都会损害经理自己的利益。总之，经理型厂商理论都接受“经理只追求满意的利润水平”一说，但是，关于经理究竟会追求什么，大家众说纷纭。比较著名的经理型厂商理论有鲍莫尔的“销售额最大化”理论、马里斯的“增长最大化”理论和威廉森的“经理效用最大化”理论。

1. 鲍莫尔的销售额最大化理论

鲍莫尔于 1959 年出版的《企业行为、价值和增长》一书提出“最大销售收益”假设作为“最大利润”的替代目标。其理由是：

(1) 经理层报酬与销售额的相关度大于与利润额的相关度；

(2) 银行等金融机构愿意贷款给销售额不断扩大的企业；

① 参见罗志如、范家骧、厉以宁、胡代光：《当代西方经济学说（上）》，51～52 页，北京，北京大学出版社，1989。

（3）员工的收入随销售额增加而增加，且免于人事解聘事项；

（4）首先实现利润最大化目标，容易引起股东的更高预期，所以经理人宁愿选择稳步实现令股东满意的利润；

（5）如果销量下降，市场份额降低，就会削弱自己的竞争地位以及和对手进行讨价还价的能力。

鲍莫尔的基本思想是把企业特征刻画成：经理在追求一定利润的前提下通常致力于企业销售收益的最大化。企业利润不能低于一定水平，这主要是为了保证股东满意，保证经理的工作安全。只要能达到一定的利润水平，经理就会把全部精力放在企业的销售额最大化方面。之所以会这样，是因为只要销售额增加，企业规模就会增加：一方面会改善企业的竞争地位，但另一方面更重要的是，企业规模扩大了，经理的报酬、地位、声誉都会扩大。

那么，追求销售额最大化的企业和追求利润最大化的企业在结果上有什么不同呢？鲍莫尔认为，除了进行广告战和推出新产品等重大决策外，管理部门的一般决策都假定不考虑竞争对手的反应。在此基础上，鲍莫尔建立了他的静态和动态的最大销售收益模型，并得出：最大销售收益假设预测的成绩，比最大利润假设的成绩要好。

2. 马里斯的增长最大化理论

马里斯在他 1963 年发表的《经理型企业模型》① 的论文和 1964 年出版的《经理型资本主义理论》一书中提出了增长最大化理论。马里斯认为，两权分离使得经理能够确定和股东不一致的目标，经理并不追求企业的绝对规模最大，而是使企业的增长率（即规模的变化）达到最大。他解释道，由于增长并不违背股东的利益，因此，最大增长率的目

---

① 参见 William Marris，“A Model of the Managerial Enterprise，” *Quarterly Journal of Economics*，1963（77）。

标是合理的。经理宁愿在企业的增长中提升自己，而不愿转移到大企业中。这是因为大企业的气氛可能对新来者不友好，或者了解内情需要较长时间。

该理论认为，经理目标和股东目标之间的差别不如其他经理型厂商论者所说的那么大。他认为，经理的目标在于获得使自己效用 $Um$ 最大化的需求增长率 $g_D$，股东的目标则是获得使自身效用 $Uo$ 最大化的资本供给增长率 $g_c$（而不是常规理论所说的利润率）。[①] 我们可以用表达式表示为：

$$Um=f(g_D)=f(\text{工资，地位，权力，产量，工作安全性，}\cdots) \tag{1.1}$$

$$Uo=f(g_c)=f(\text{利润，产量，资本，市场份额，公共形象，}\cdots) \tag{1.2}$$

马里斯和其他经理型厂商论者的分歧在于，马里斯认为经理目标和股东目标之间的差别不如后者所说的那样大。因为马里斯认为经理的效用函数和股东的效用函数中绝大多数的变量都与一个特定变量——厂商规模高度相关，经理的效用函数包括工资、地位、权力、产量和工作安全性等变量，股东的效用函数则包括利润、产量、资本、市场份额和公共形象等变量。其中，资本、产量、收益和市场份额等都是反映厂商规模的指标。在均衡状态下，经理追求的需求增长率 $g_D$ 和股东追求的资本供给增长率 $g_c$ 是相等的，经理是在保持必不可少的利润水平约束条件下追求最大的增长率。所以在马里斯看来，经理和股东之间并没有很大的目标差异。

① 参见罗志如、范家骧、厉以宁、胡代光：《当代西方经济学说（上）》，56～57 页，北京，北京大学出版社，1989。

3. 威廉森的经理效用最大化理论

1963 年，威廉森在《美国经济评论》上发表的《经理决断和企业行为》一文中提出，经理并不寻求股东效用最大化的最大利润政策，他们执行的是自身效用最大化政策，此时经理具有自行决断的权力。但同时，利润是经理行为的约束条件，如果不能达到令股东满意的最低利润，经理的职位安全将受到挑战和威胁。在威廉森的模型中，经理的效用函数包括薪金、安全、权力、地位、威望和职业的优越性等变量。这其中除了薪金一项外，其他变量都需要转化成用货币计量的其他变量来表示。威廉森称这种变量为“费用偏好”(expense preference)，其含义是“经理从某种方式的支出中所得到的满足，特别是从企业管理费用中所享用的津贴和能为经理自行支配的投资基金中所得到的满足（即效用)”①。

威廉森将经理的效用函数表示为：

$$U=f(S, M, I_D) \tag{1.3}$$

其中，$U$ 表示经理的效用；$S$ 表示包括经理和管理人员在内的薪金开支；$M$ 表示经理津贴；$I_D$ 表示经理自行决定的投资。

威廉森认为，以上这些支出的变量是经理职位安全的保证，同时也是他们权力、地位、威望和职业成就的反映，其中很大一部分是经理可以自行决断的。

上述三种经理型厂商理论的共同之处在于都承认股东以追求利润最大化为目标，但强调经理追求的是自身效用最大化。经理为了自己的地位、威望、经济利益和职位的安全而背离利润最大化原则，导致委托人和代理人之间的目标差异。经理型厂商理论的基本特征是，认为最高管

① 罗志如、范家骧、厉以宁、胡代光：《当代西方经济学说（上)》，63～64 页，北京，北京大学出版社，1989。

理层为了自身职位的安全，是在首先实现最低的利润约束条件下追求自身的效用最大。而以上三种理论的差别在于经理效用函数所包含的要素不一样，经理为实现其目标所使用的主要政策变量不一样，对模型的各种参数变化的结果所进行的预测不一样。经理型厂商论者的不足是，他们着重从厂商的内部条件分析经理实现其目标的途径，而忽视了外部环境对经理行为所施加的影响。

#### 1.3.3.2　西尔特和马奇的行为型厂商理论

行为型厂商理论产生于 20 世纪 50 年代，西蒙（H. A. Simon，1955）的《合理选择的行为模型》[①] 一文对行为模型进行了开创性研究。随后西尔特和马奇对其论点进行了深化和发展，在 1963 年出版的《行为型厂商理论》一书中建立了行为型厂商理论。它几乎在所有的方面都和传统的厂商理论不一样。他们的模型可以概括为以下几点：

（1）厂商是目标相互冲突的群体之间的结合体。这个结合体中最重要的群体是和厂商关系最直接、最密切的经理、工人和股东三者，每一个群体都有自己的一套目标或需求。例如，工人要求高工资、完善的养老金制度和良好的工作条件；经理要求高薪金、权力和威望；股东要求高利润、资本增长和市场规模等。而厂商的目标最终将由最高管理部门来决定和批准。

（2）厂商目标主要有：生产目标、存货目标、销售目标、市场份额目标和利润目标。而厂商会根据确定的目标，不是追求利润最大化、销售量最大化，而是努力去争取一个令人满意的总成绩，也就是西蒙提出的“令人满意”准则（satisficing criteria）。西蒙把厂商的这种行为称为

---

① 参见 H. A. Simon，“A Behavioral Model of Rational Choice,” *Quarterly Journal of Economics*，1955 (69)。

“有限合理性”（bounded rationality）行为。

行为型厂商理论的特点是考察了目标的形成过程和厂商内部资源的配置，分析了劳动报酬对企业活动的稳定作用，这是传统理论所忽略的。在决策过程中，当选定目标不能实现时，允许降低标准。“令人满意”准则有其积极的意义，但也失去了客观评价厂商的标准。

总而言之，经理型和行为型厂商理论都是从厂商管理权和所有权分离这一情况出发，企图突破传统厂商理论的追求最大利润的单一目标，以经理谋求自我利益的某种目标建立理论体系。但共同的缺陷是无视市场上厂商的相互依存关系。但它们的一些论点，如行为理论中的决策过程和厂内资源的配置以及鲍莫尔模型的最大销售收益论等都有其现实意义。

### 1.3.4 文献回顾

基于以上委托人与代理人目标差异的相关理论，国内外许多学者对代理人的目标差异表现进行了研究，得出以下结论：

第一，代理人存在侵占委托人财产和进行过度在职消费的倾向。在各种代理人损害委托人利益的形式中，直接侵占财产是常见且主要的。在法律环境较好的地方，代理人会通过争取更多控制权进而增加在职消费谋取私人利益。而在法律制度落后的地方，则侵吞行为较多。[①] 詹森和麦克林（1976）在论文《企业理论：经理行为、代理成本和所有权结构》中提出，管理层的在职消费是控制权收益的来源。

第二，代理人还存在建造个人帝国倾向。墨菲（Murphy，2002）认为经理人存在使企业的发展超出理想规模的内在激励，通过不断地投

① 参见宁向东：《公司治理理论》，43～44 页，北京，中国发展出版社，2009。

资新项目，经理拥有更多可以控制的资源。舒尔茨（Schultz，1961）以股权高度分散的公司为研究对象，发现经理有动机对负的净现值项目投资，这使得经理能够掌握更多的资源，获得更多的在职消费。绩效不佳的代理人会竭尽全力保卫自己的位子，其所缔造的个人帝国往往很难被打破，这使公司遭受巨大损失。约翰、马吉、纳加拉坚和纽曼（John，Magee，Nagarajan，Newmen，1985）发现，当绩效较差公司的经理在飞机事故或因心脏病发作而突然死亡后，其所在公司的股价会提高。那些经理不将资金返还给投资者而是致力于建立起巨大帝国的主要大公司，其价格的增长非常巨大。[①]

第三，代理人的投资决策有时并非有效率而纯属为了一己私利。由于代理人的任期有限，而且其货币收益与非货币收益通常与任期内的绩效有关，因而代理人的决策难免短视。纳拉亚南（Narayanan，1985）认为，任职时间较短、能力尚未获得认可、风险规避型经理自然会偏好选择盈利较快的短期项目。同时，经理人任期越短，短视投资行为越严重。贝克（Baker，2000）指出，年轻的企业经营者会比有良好交易经验的年长的经营者更偏好追求提高短期绩效，从而更易发生非效率性投资行为。[②]

第四，代理人可能会通过降低公司的债务比例来降低经营难度。菲利普·伯奇（Philip G. Berge，1997）指出，经营者力求通过低债务融资来获取并维护更大的控制权。莫迪利安尼和米勒（Modigliani and Miller，1958）认为，有时经营者会通过自夸公司债务低而掩盖自己的无能。而詹森（1986）揭示了经营者按照能否扩大控制权收益来确定公

① 参见宁向东：《公司治理理论》，43～44页，北京，中国发展出版社，2009。

② 参见马磊、徐向艺：《公司治理若干重大理论问题述评》，179～180页，北京，经济科学出版社，2008。

司融资结构的标准。威廉森（1988）认为控制权与融资方式有关，股票、负债既是可相互替代的控制权工具，又是可相互替代的融资工具。托马斯·H·诺埃（Thomas H. Noe，1996）指出，经营者拥有控制权后会倾向于权益融资。艾伦（Alan，2002）认为，公司的代理成本可以通过选择有效的债务水平和保护机制而降低。埃尔温·莫雷莱克（Erwan Morellec，2004）指出，多数经营者在融资结构中更偏爱低债务水平。林峰国（2004）、耿建新（2001）认为，中国上市公司偏爱股权再融资是源于经营者追求控制权的动机。以上国内外研究表明，公司经营者倾向于低债务融资，其目的是为了追求自身控制权收益。这也从另一方面说明，债务对代理人的行为具有约束功能。

第五，经理所作出的投资决定可能反映了他们的个人兴趣。施莱费尔和维什尼（Shleifer and Vishny，1989）在其论文《管理者的离心离德：经理专用投资的案例》一文中建立了“经理专用投资”模型。该模型认为经理偏爱在那些与经理特定能力相关的领域进行投资，而不论这些项目是否对股东有利，因为这将增加他们巩固自己职位的机会，而这也常常是经理离心离德活动的重点。这类投资可以使经理对股东来讲更有价值，增加了经理与股东讨价还价的资本。实际上经理专用投资不一定是股东价值最大化的，经理在维护自己权力与地位的同时，会大大损害股东利益，浪费投资机会。即使在经理专用投资与其他投资创造相同价值的情况下，股东也会因经理索取高额报酬而遭到损失。在此基础上，诺埃和雷贝洛（Noe and Rebello，1997）① 提出了敲竹杠损失理论。诺埃和雷贝洛认为任职时间较长的经理往往会选择长期投资项目，因为长期投资项目使经理的留任对于项目的成功更加重要，在项目的现金流

① 参见马磊、徐向艺：《公司治理若干重大理论问题述评》，176～180页，北京，经济科学出版社，2008。

量实现之前，长期投资项目使得经理的地位更加稳固，这是典型的敲竹杠行为，据此，经理获得专用性人力资本租金。所以，企业经理任职时间越长，其企业专用性人力资本价值越高，越有可能实施长期投资决策，即使这种投资决策对于股东来说并非价值最大化的。

随着市场经济的发展，我国的职业经理人制度也开始出现并有所发展。然而，由于整个市场环境欠佳，我国企业在发展过程中也出现了诸如国有资产流失、管理者堕落腐败等问题。① 针对企业经营者损害企业的行为，国内很多学者从不同的角度对经营者目标差异表现进行了相关研究。

朱义坤（1999）总结了 7 个方面的经营者行为：化公为私；损害股东的利益；控制“独立专家”；控制或影响审计师；自行确定公开或上报利润；自行确定汇报绩效的方式；截留权力等。费方域（1998）对国有企业存在的内部人控制问题从 8 个方面进行了总结：过度的在职消费；信息披露不规范；短期行为；过度投资和耗用资产；个人收入和福利增长过快；转移国有资产；损害小股东的利益；不分红或少分红等。② 周其仁（2002）认为，公司经营者过分追求控制权收益，会引发公司资源浪费、交易费用增加等问题。狄煌（2001）研究发现，国有企业管理者的在职消费大约是名义工资的 10 倍，而西方国家的公司管理者的职务消费数额仅占他们收入的 2%左右（陈佳贵，2001）。陈冬华、陈信元和万华林（2005）利用在职消费衡量经理人的代理成本，认为由于报酬管制的存在，在职消费成为国有企业管理人员的替代性选择。曾庆生（2004）指出洞庭水殖股份有限公司的管理层利用大量关联交易，将上市公司的资产和资金转至管理层控制的公司名下，从而侵害中小股

① 参见宁向东：《公司治理理论》，42～44 页，北京，中国发展出版社，2009。

② 参见马连福：《公司内部治理机制研究——中国的实践与日本的经验》，61～62 页，北京，高等教育出版社，2005。

东的利益。刘志奇（2003）发现上市公司管理层收购之后存在大量的高派现行为，其派现是为了偿还管理人员为实现管理层收购而向银行的借款，损害了中小股东的利益，提高了代理成本，相应降低了公司的价值。童卫华（2005）认为，中国公司管理者获取高额控制权收益，损害了股东利益。范瑛（2005）认为，公司管理者由公司付账的信用卡消费、公费旅游等职务消费以及回扣、提成、红包等“灰色收入”不计其数。陈冬华、陈信元和万华林（2005）利用在职消费衡量经理人的代理成本，比较分析了在国有资产所有者缺位的情况下，国有上市公司和非国有上市公司之间的经理人代理成本问题，认为由于报酬管制的存在，在职消费成为国有企业管理人员的替代性选择，说明在职消费内生于国有企业面临的报酬管制约束。戚聿东、钟涵（2008）认为企业家具有不同于股东的规模偏好目标，而这种规模偏好在一定程度上是以股东利益受损为代价的。

以上理论与文献研究成果表明，作为代理人的企业经营者，其行为常常偏离股东财富最大化的目标。那么如何构建与完善激励约束机制，引导和纠正经营者的行为，使之向股东财富最大化目标努力便成为现代公司治理的核心问题。

## 1.4 现有研究的特点与本研究的目的和意义

### 1.4.1 现有研究的特点

目前国内外关于委托人与代理人目标差异的研究成果，对于如何激励约束代理人，实现委托人与代理人目标融合提供了有益的依据和参考。但研究方法和研究结论比较局限，缺乏普遍适用性，具有以下几方面特点：

（1）研究内容和成果不是很丰富。在有限的对代理人目标差异进行直接研究的文献中，主要是国外学者的研究，而且集中在理论论述上。在国内文献中，只发现一篇文章（戚聿东、钟涵，2008）对此专门进行了研究，但研究也仅限于对代理人目标偏好所产生的效应进行分析，并未对代理人目标偏好进行实证检验。

（2）在一些仅把代理人目标差异作为辅助研究的相关文献中，多数是描述性地一笔带过，少数实证研究也仅限于对代理人追求个人收益的报酬机制与企业规模关系进行研究。我们认为其原因主要有：关于企业家报酬与规模关系的理论与实证分析都相当成熟；报酬的计量十分方便，数据的可获得性高，容易进行实证研究。

（3）到目前为止，还没有研究对委托人与代理人所追求的目标进行财务指标量化，并进行实证对比分析，从而验证代理人更偏好追求哪一项财务指标。其原因是：代理人追求的目标不易计量，到底用什么指标能综合地反映代理人所追求的目标在实际研究中很少见，因而缺少相关参考文献。

（4）现有研究往往从某一国家或地区的企业样本出发，研究视角单一，结论具有局限性。

### 1.4.2 本研究的目的和意义

本书针对现有研究的不足，对委托人与代理人的目标差异及融合进行了深入研究。从目标差异角度研究代理人的激励约束问题是目前经济学和管理学的前沿问题之一。研究代理人有别于委托人的目标，并以此作为激励约束的出发点，不仅可以丰富委托代理理论，而且在现实中可以指导企业改革和完善激励约束机制。

随着知识经济的发展，人力资本越来越成为企业中最有价值的资源。掌握现代科技知识和管理知识、具有经营才能和创新才能的企业家，对企业的生存发展起到举足轻重的作用。正确认识代理人有别于委托人相对独立的目标，并以此为切入点，了解其需求，有针对性地建立起一套有效的激励约束机制，具有十分重要的意义。这样不仅可以充分调动代理人的积极性，协调与委托人利益目标的一致性，而且会激励其在最大限度上创造出更多财富，从而更好地满足各利益相关者的需求。激励之所以可以发挥作用，是因为人类有需要，需要是一切激励的前提，因此识别代理人的需要，找出代理人的需求偏好目标非常重要。同时，良好的激励约束机制不但会使代理人产生自励，还有利于甄别代理人的素质，提高公司绩效和质量，稳定和促进证券市场和资本市场的发展。在两权分离的情况下，从委托人与代理人目标函数差异的角度来研究如何通过制度安排，使经营者与所有者实现利益协同，进而实现企业价值最大化是本研究的最终目的。

## 1.5　代理人的“规模偏好”理论——本书提出的一种假设

上述关于委托代理条件下厂商目标差异理论及相关文献从各个角度对公司经营者的目标进行了理论分析、现象描述和实证考察，得出了非常有益的结论。但所有研究都没有结合现实中的公司财务数据对公司管理者的目标进行实证研究，从而找出经营者首要的、普遍追求的目标到底是什么。[①] 因缺乏真实的企业数据支撑，所以现有研究显得过于主观

① 戚聿东、钟涵在《委托代理条件下企业家的规模偏好及其矫正》一文中提出了企业家规模偏好假设，并以销售收入作为规模偏好指标，实证分析了销售收入与利润具有正相关性。但该文只是从静态的角度对规模与利润关系进行分析，是一种对规模所产生效应的描述，而并没有比较企业家在销售收入增长指标（规模增长）与利润增长指标（股东财富增长）上更偏好哪一个，从而最终并没有对企业家规模偏好假设进行验证。

且泛泛而谈。本书认为，在委托代理条件下，与股东相比，经营者更关心企业的规模问题，普遍存在“规模偏好”。因为一般来说，规模高速扩张的企业，管理层升迁的机会更多，同时也可带来更多的货币及非货币收入，比如更大的成就感、更高的报酬、更高的在职消费水平以及更高的社会地位。经理存在扩张企业规模的动机，这种动机可能会促使经理将闲置资金投资于能够扩大企业规模的非盈利项目，从而牺牲股东的利益来增加自己的财富，产生过度投资。委托代理理论自形成以来，过分夸大了经理人员的机会主义倾向，这使得经理人员没有空间为公司的整体利益和长远发展考虑，迫使经理人员总是以市场信号作为其行为决策的准则，追求短期利益，殚精竭虑于保护自己的权力和职位。① 本书认为代理人的这种规模偏好与企业的其他目标虽然存在着一定的冲突，但并不完全矛盾，如与委托人（股东）的利润最大化、提高企业知名度和影响力等目标在逻辑上具有内在一致性，并且可以通过一系列措施进行矫正并使这些目标在一定程度上相互促进。

## 1.6 本书的研究思路和研究方法

基于以上有关研究背景、文献回顾、研究意义的分析，本书的研究思路如下：对相关理论及文献进行回顾——提出假设——对假设进行分解并进行实证检验——得出结论——以结论为切入点采取具体解决措施。

本书在文献回顾的基础上提出了代理人有别于委托人的规模偏好假设，并对委托人与代理人所追求的主要目标进行财务指标量化，并以世

① 参见曲扬：《我国转型时期中的公司治理模式选择》，北京，对外经济贸易大学出版社，2009。

界500强企业及我国历年上市公司为研究样本，对代理人目标差异进行假设并进行具体的实证检验。在实证检验分析的基础之上，提出有针对性的激励约束措施，力图使委托人与代理人的目标实现最大限度的融合。

本研究主要采用规范分析与实证分析相结合的方法。本书在研究中充分利用了相关领域的知识，如经济学、管理学、统计学和会计学等。实证研究的数据来自我国上市公司公开披露的财务数据，以及《财富》公布的历年世界500强企业的财务信息。本书在研究过程中对分类数据进行了抽样核对，以确保所有数据均真实有效。

本研究的具体研究路径是，首先在大量阅读相关委托人与代理人目标差异及融合的成熟理论和经典文献的基础上，对研究所需重要概念进行科学界定。然后，收集和整理所需要的数据资料，设计相关变量，对所提假设进行实证检验。最后，从实证检验结果出发，提出相关对策建议。本书在进行科学严谨的实证分析的同时，运用规范的研究方法对实证结果进行了充分论述。同时在进行实证分析时，对各样本公司的财务指标分行业、分地区、分规模、分年度进行横向、纵向分析比较。同时对各项财务指标分绝对指标、相对指标采用静态与动态相结合的研究方法。这种研究方法有利于展现研究过程和研究结论的有效性。

## 1.7　本书的研究框架、主要特色及创新之处

### 1.7.1　本书的研究框架

在前人的研究基础上，本书研究的逻辑框架如图1—1所示。

本书主要内容分为八个部分，具体安排如下：

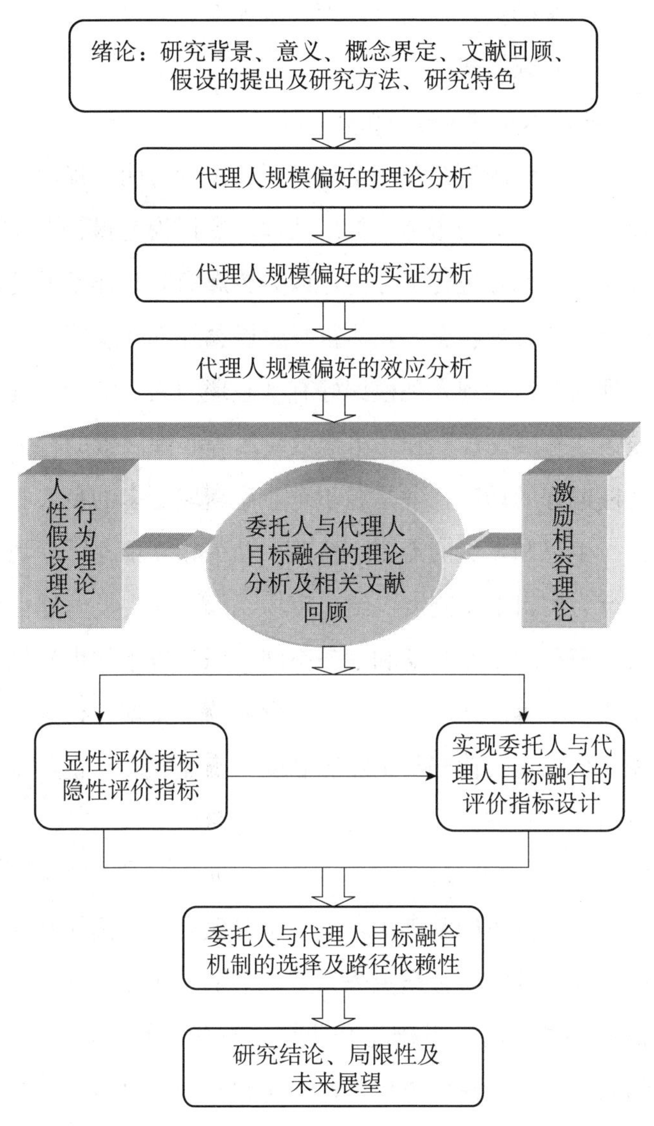


**图 1—1　研究框架图**

第 1 章　绪论

首先概括了论文研究背景、目的和意义，然后在对相关理论文献进行梳理和回顾的基础上，提出了代理人规模偏好假设，并以此来设计论文的研究方法、研究框架。

第 2 章　代理人规模偏好的理论分析

首先对企业规模的概念及测量进行了界定和说明，提出了销售收入是测量企业规模的最恰当指标。然后从理论、行为逻辑、企业相关目标角度对代理人规模偏好进行了分析，认为企业家对超速发展的普遍规模偏好，实际上与其心理状态、企业自身发展、外部环境等主客观因素密切相关。在理论上，代理人规模偏好有其心理因素，实际上是“过度自信”、“泡沫”、“有限理性”和“羊群效应”等心理因素的行为反应；同时代理人规模偏好的动因，一是源于企业家获取更多的私人收益，二是出于企业自身生存和发展的需要，这两个动因相互依存，互为实现前提和条件。在行为逻辑上，制度供给、市场需求中的规模偏好也促使代理人通过扩张规模获取制度收益和业务空间。而且资本约束机制缺失、业务与盈利模式单一等因素，也强化了代理人的规模偏好行为。在企业相关目标上，代理人规模偏好与企业知名度、企业利润、企业竞争力等相关目标存在内在一致性。

第 3 章　代理人规模偏好的实证分析

在第 2 章理论分析的基础上，进一步对代理人规模偏好的假设进行分解并进行实证检验。实证研究发现：高管报酬与企业规模成正相关，且相关性很强；虽然高管报酬与企业绩效有相关性，但相关性非常微弱；企业利润与企业规模成正相关；企业利润增长率与企业规模增长率（营业收入增长率）成负相关；在 52.71％的企业研究样本中，营业收入增长率大于利润增长率；在 35.92％的研究样本中，随着营业收入增长率的增长，利润增长率在下降。以上实证结果验证了代理人规模偏好假设是成立的。

第 4 章 代理人规模偏好的效应分析

在第 3 章实证分析的结果——代理人存在规模偏好的结论基础上，对代理人规模偏好的效应进行了分析。代理人的规模偏好有其积极效用，在给代理人个人带来收入的同时，也可以为委托人等利益相关者带来利益；但如果代理人不顾现实中的风险而盲目扩张，则会出现营业收入增长，而利润减少，使委托人利益受损的情况，这种规模偏好对企业来说是有害的。因此，提出规模偏好适度性，对企业的发展具有重要意义。

第 5 章 委托人与代理人目标融合的理论分析及相关文献回顾

首先对人性假设理论、行为理论、激励相容理论等相关理论进行了分析，以此作为采取目标融合措施的理论基础。然后从内部激励约束机制和外部激励约束机制对相关文献进行了回顾。

第 6 章 实现委托人与代理人目标融合的评价指标设计

在第 2、3、4 章的分析结论基础上，结合委托人与代理人各自追求的财务目标，从企业的盈利能力、发展能力、偿债能力三个方面设计对代理人的显性绩效评价指标。同时强调企业要根据自身情况，重视隐性评价指标的设计，并把对显性评价指标与隐性评价指标的结合作为采取目标融合措施的参考依据。

第 7 章 委托人与代理人目标融合机制的选择及路径依赖性

在第 2、4 章分析的基础上，设计了代理人规模偏好私人收益模型，规模偏好可以为代理人带来报酬、声誉、控制权等收益。本章以此为切入点，投其所好，对代理人规模偏好中积极的行为给予激励，而对其消极行为予以约束，并构建了“以股东财富最大化为目标导向的六位一体激励约束模型”。同时提出，目标融合机制选择具有路径依赖性。首先，目标融合机制的选择应考虑到成本收益比较，在此前提下，要考虑一国的经济发展阶段、社会风俗、政治状况、企业所处的行业特点及企业自身发展阶段等相关因素。由于任何目标融合机制的形成都有相应的路径依赖性，因而各种机制间除了共性表现外，更多体现的应该是个性差异。所以在现实中不存在一套放之四海而皆准的成功模板，“适合的就是最好的”。不同的目标融合机制具有借鉴性，但不能照搬。目标融合机制只要有利于本企业的成长发展，收益大于成本就是最好的。

第 8 章　研究结论、局限性及未来展望

根据以上理论分析、检验结论及目标融合机制的构想，总结本书研究结论、启示及论文的局限性，并提出未来进一步研究的方向和思路。

### 1.7.2　本书的特色及创新点

本书的特色及创新点体现在以下几方面：

（1）提出代理人规模偏好假设，并用真实的企业财务数据对其进行实证检验。

（2）对代理人规模偏好所产生的动因及效应，从代理人和企业两个角度出发，客观认识其积极和消极作用。

（3）提出评价指标是实现委托人与代理人目标融合的前提，而且在进行指标设计时，把代理人规模偏好因素作为重要参照。评价指标既要体现股东财富最大化目标，又要体现代理人规模偏好目标。同时认为评价指标具有显性与隐性两类。本书强调企业要根据自身特点，重视个性化隐性指标的长期激励作用，认为这是企业发展真正的“本”。

（4）设计了代理人规模偏好私人收益函数，以其子函数为切入点来构建二者目标融合的激励约束体系，使激励约束更具有针对性。

（5）强调了委托人与代理人目标融合机制选择的路径依赖性。虽然不同国家、不同时期、不同行业、不同规模的企业代理人具有规模偏好的共性，但并不存在一套放之四海而皆准的目标融合机制，因为实现委托人与代理人目标融合机制的选择具有路径依赖性，受整个宏观经济、文化、政治、技术等因素影响，同时与企业所处地区、行业特点及企业自身发展阶段和市场地位等中观、微观因素密切相关。目标融合机制没有好与不好之说，只有适合与不适合，适合的就是最好的。因而企业在选择目标融合机制时，借鉴固然重要，但更应强调个性差异，而不是照抄照搬。

# 第2章 代理人规模偏好的理论分析

## 2.1 企业规模概念的界定与企业规模的测量标准

### 2.1.1 企业规模的概念

关于企业规模的概念，目前理论界有很多不同的表述方法，主要可以概括为以下三种：一种是企业规模（马洪，1986；宗明华，1987；聂根红、石卫红，1991）[①] 是指劳动力、劳动手段和劳动对象等生产要素和产品在企业的集中程度。它是从生产的技术经济联系出发，根据生产的技术特点、自然资源环境、生产组织的社会化程度、社会需求等约束条件，研究投入生产过程的诸投入要素以多大的配比结合，可

① 参见马洪：《中国工业经济管理（上册）》，192～193页，北京，经济管理出版社，1986。

以使企业以最小的成本获得最大的产出。第二种是企业规模是指企业从事经济活动的空间广度。[①] 由于企业经济活动的直接成果——产品具有价值和使用价值的两重性，企业的经济活动也自然地以追求使用价值的生产活动和追求价值的经营活动组成，与此相适应，企业规模可分为生产规模和经营规模，而企业规模正是这两者的有机统一。第三种（薛和生，1988）[②] 是企业规模是通过生产要素的集中程度和综合生产能力即投入和产出两个方面来描述的。企业规模及其结构的形成和发展，受市场需求增长、技术进步、资金、资源、人力投入等客观经济条件的制约，但同时也受宏观经济环境和企业投资、经营决策的条件和能力的制约（董守才、张少华，1989）[③]。

以上对企业规模的认识，无非是从投入和产出两个方面来把握。[④] 无论是科斯的交易成本理论，还是威廉森的契约经济学，可以说都是围绕如何降低企业成本、实现企业规模效率最大化展开的。通常分析的思路：一是把企业作为一种生产函数，认为当企业的边际收入等于边际成本时，就决定了企业的最佳规模；二是把企业作为一个成本单位，认为当外部的边际交易成本等于内部的边际管理成本时，也就决定了企业的最佳规模。

本研究中的企业规模是指企业生产经营的范围和大小，包括生产规模和经营规模。企业规模是各生产要素的集中程度与积累水平，是企业运行状况和实力的综合表现，是企业参与市场竞争的基础和依托。

---

① 参见宗明华：《关于规模研究》，载《经济问题探索》，1987（9）。

② 参见薛和生：《改革中的企业规模与企业行为合理化》，载《经济体制改革》，1988（4）。

③ 参见董守才、张少华：《我国工业企业规模的分析》，载《统计研究》，1989（6）。

④ 参见石建中：《企业规模与企业边界》，载《湖北社会科学》，2009（10）。

### 2.1.2 企业规模的测量标准

企业规模主要从以下三个方面来界定：一是按投入，也就是企业为了形成生产能力而投入的各种人、财、物等生产要素，包括职工人数、资产总额等指标；二是按产出，即企业运用投入的生产要素而形成的潜在生产能力，产量是常见指标；三是按实现程度，是指企业生产出的产品经过市场竞争，被消费者认可后实现的销售情况，包括销量、销售额、销售利润等指标。以上三方面的衡量指标，第一、二项属于生产规模，第三项属于经营规模。

目前世界上大多数国家通常采用诸如雇员人数、资产总额以及销售收入等划分指标来界定企业规模。但因任何企业存在的前提都是能够提供客户满意的产品或服务，进而实现销售，这是社会再生产的关键一环，所以在众多的界定指标中，按实现程度即用企业的经营规模来衡量企业规模大小更具有代表性、科学性和可比较性。根据国际上的通用做法，企业的经营规模常用“销售额”指标来代表，这主要源于销售额指标独有的特点和重要作用：

第一，销售额指标对企业的实力和经营活动总量进行了综合展示。销售额指标不仅展现了企业规模的大小，也反映了企业所拥有的市场份额和产品市场占有率，更为重要的是反映了市场对企业产品的认可程度（张晓明，2003）。在市场经济条件下，这一指标可以较敏感地反映企业的经营业绩，充分体现企业与市场的关系。而且，由于销售额指标不包括未实现的部分，如库存产品等，所以能较客观准确地反映企业当年真实的经营业绩和实现价值。

第二，销售额是以货币多少来反映的各类产品的销售量，它不仅可以反映同类企业的规模，也可以进行不同行业的企业规模比较。以一定时期的销售额衡量同行业的企业规模、不同行业的企业规模，具有广泛的适用性。

第三，销售额增长体现了企业对资源的调动能力，增长本身不仅直接反映了企业的发展，也为企业进一步开拓市场奠定了基础。如果没有销售额的稳健增长，企业的市场地位、成长空间都会受到制约和威胁。

第四，销售额本身体现了企业对内外环境变化的调节力和适应力。企业会针对内外环境的变化，随之主动或被动地调整销售水平，使销售额总是在增减或持平中波动。当市场发生结构性变化时，产品多元化的企业较之产品单一的企业，其销售额会相对稳定。

第五，销售额指标历来被作为企业规模排序的优先指标。美国《财富》杂志每年会以“销售额”为标准进行“世界 500 强企业”的排名。[①] 目前，以“销售额”作为评价企业规模的指标，已经得到了世界各国的公认。对于中国来说，原来是按照不同行业和部门用不同标准来划分企业规模的，但 2003 年对此进行了修改。为了使企业标准的划分和认定更加简便，也更有利于统计工作的判断，新的标准统一按销售收入、资产总额的多少归类。目前中国企业联合会（简称中企联）统计的中国 500 强企业也是按照销售收入对企业进行排序，以国家统计部门的法定统计数据为依据。

本书对世界各国有关企业规模的划分标准进行了综合比较，最终确定以销售额（营业收入）指标来界定企业规模。同时为了弥补这一指标的单一性，本书还将参考资产、利润、股东权益、雇员人数等指标。

① 自 20 世纪 50 年代中期开始，美国《财富》杂志率先按照“销售额”指标对美国工业企业进行排序，而后《财富》每年都会以“销售额”为标准进行“世界 500 强企业”的排名，以此衡量企业的规模。销售额等同于营业收入。

## 2.2　代理人规模偏好的理论分析

资源的稀缺性和人类欲望无限性的矛盾，使得对资源配置的研究成为经济学的核心问题。从资源经济角度讲，企业规模的调整是资源配置的一个环节或者说是一个过程，通过实施新的资源组合，实现新的资源配置结构，最终目的在于实现微观意义上的企业资源有效配置。而规模偏好的一个前提假设是：经济规模可以提高资源配置效率，进而带来规模经济效益。可见，提高资源配置效率构成了企业规模调整的重要理论依据。①

### 2.2.1　代理人规模偏好的心理状态

从心理状态分析，代理人追求销售增长目标，致力于扩张规模的热情和野心，很多情况下是“泡沫”、“有限理性”、“过度自信”和“羊群效应”② 等心理因素的行为反应。作为代理人的企业家，往往比一般人要自信甚至自负，他们对自己创造价值的能力通常估计过高，因而常常会作出好大喜功、效率低下的投资决策。罗尔（Roll，1986）认为，企业管理者对自己控制的资产显得过于乐观和自信，这种心态将会导致在股东看来损害企业价值的过度投资，譬如企业经理人在兼并其他企业时可能会过多支付。同时，规模超速增长的诱惑常令企业家们无法抗拒：

① 参见魏良益：《企业规模制约因素分析》，载《软科学》，2006（3）。

② 从众心理“羊群效应”是指管理学上一些企业的市场行为的一种常见现象。由于在信息不充分和缺乏了解的条件下，投资者很难对市场未来的不确定性作出合理的预期，往往是通过观察周围人群的行为而提取信息，在这种信息的不断传递中，许多人的信息将大致相同且彼此强化，从而产生从众行为，即所谓“羊群效应”（herd effect）。“羊群效应”是由个人理性行为导致的集体的非理性行为的一种非线性机制。

快速扩张带来的刺激、兴奋及成就感；打造商业帝国的梦想；速度掩盖了矛盾与混乱的表面繁荣。

### 2.2.2　代理人规模偏好的动因

根据国内外的厂商理论（Baumol，1959；Marris，1964；William，1985；Aoki，1984），经理追求的是自身效用最大化，其具体表现大都是寻求高薪、威望以及自我成就的铸造，基本可以概括为物质利益和精神追求。经理主义认为，公司高管追求规模的内在动因在于，与高管层影响公司绩效相比，高管层更容易对公司规模实施控制。他们更倾向于将公司规模纳入自己的报酬补偿契约（陈震，2008）。而代理理论对大公司高管人员报酬更高的现象进行了解释。罗森（Rosen，1982，1992）认为大公司有更多管理层和下属，CEO 变动对公司绩效影响较大，所以，大公司有动力和能力雇佣优秀的 CEO。同时，更多的管理层与下属放大了 CEO 的作用，使其有更多报酬。霍尔（Hall，1990）研究发现公司规模与高管边际劳动贡献率之间成高度正相关。但是经理主义强调的是经理的“自利”，代理理论的出发点是股东利益最大化。

但无论出发点如何，以往的研究大多扩大了企业家追求自身效用最大化的私人动因。本研究认为，一方面，企业家追求更大企业规模的动因是可以获得更多的私人收益，但另一重要动因是出于企业自身生存和发展的需要，这两个动因相互依存，互为实现前提和条件。代理人规模偏好的具体动因如下。

#### 2.2.2.1　代理人规模偏好与企业的生存和发展

代理人的规模偏好，往往是为了企业形成规模效应和竞争优势，并不违背实现利润最大化的企业原始目标。一是通过规模扩张，企业单位产品成本会随之降低[1]，在竞争优势增强的同时，为企业创造了更大的利润空间。二是通过强强联手的横向扩张，通过减少竞争对手而缓解竞争压力。而通过并购上、下游产业链企业的纵向扩张，可以加强对产供销渠道的控制，运营效率也会随之提高。

#### 2.2.2.2 代理人规模偏好与私人收益

1. 代理人规模偏好的私人收益表现为货币报酬的增加

代理人倾向于追求企业的规模，具有显著的企图通过扩大企业规模来提高自身地位与收入的动机（Murphy，1985）。企业规模的扩大，不仅可以提高企业家自身的收入和社会地位，而且给股东和外界以良好印象，为其他方面的不足找到了很好的掩饰借口。在中国，每一个国有企业都具有一定的行政级别，企业规模越大，其行政级别越高，从处级直至部级，“企而大则仕”。“敢为天下大”的勇气和决心来自企业家的“行政配置”模式。而且，我国的国企投资多属“政策性投资”，也就自然会有“政策性盈利”。即使投资效益甚微，也是集体决策的结果，无须企业家承担投资风险。

国外学者已经深入细致地研究了一般情况下，在行业、地区等其他系数相同或相近的条件下企业规模与高管报酬水平之间的关系，并得出结论：高管的报酬水平与企业规模存在显著正相关关系。国内一些研究发现：报酬绩效机制对高管的激励效果很小，而真正起激励作用的是企业规模，企业规模越大，高管报酬越高。对于高管报酬与企业规模相关关系的分析，国内外学者作了大量的研究工作，具体研究情况见表2—1。

① 具体体现在采购、生产、销售及后勤支持等多个环节的效率提高。

表 2—1　关于高管报酬与公司规模的研究情况

| 研究者 | 样本 | 因变量 | 自变量 | 主要发现 |
|---|---|---|---|---|
| Murphy（1985） | 45 家大型公司（1953—1959） | 延迟报酬、股票期权 | 销售额、资产 | 报酬—销售额弹性系数为 0.2～0.25，报酬—资产弹性系数为 0.3 |
| Barro（1990） | 1 600 家英国公司 | 薪水、收益的现金估计值 | 净资产 | 高管报酬—资产弹性系数为 0.32 |
| McGuire，Chiu and Elbing（1962） | 45 家大型公司（1953—1959） | 薪水加分红 | 销售额、利润 | 销售额与报酬成正相关 |
| Cosh（1975） | 1 600 家英国公司（1969—1981） | 薪水、各种收益 | 净资产 | 公司规模是报酬的决定因素 |
| Kostiuk（1990） | 73 家美国大公司（1968—1981） | 年度薪水、红利 | 销售规模 | 高管报酬—销售收入弹性系数为 0.02～0.25 |
| Hirschy and Pappas（1981） | 680 家大型工业企业、银行、公用事业（1977） | 总报酬、延期补偿 | 税后净收入、总收入 | 在工业部门利润及销售额与报酬成正相关 |
| Gomez-Mejia，Tosi，Hinkin（1987） | 39 家公司中的 3 名报酬最高经理（1947—1987） | 薪水、延期报酬、期权 | 股票回报 | 经理控制的公司，规模在报酬契约中的作用很重要 |
| Jensen and Murphy（1990） | 1 295 家公司中的 2 213 名 CEO，共 7 750 个年度样本 | 报酬 | 股东财富变化 | 大公司 CEO 报酬业绩敏感性比小公司小 |
| Jensen and Murphy（1988） | 1973—1983 年美国上市公司 | CEO 报酬 | 销售规模 | 销售报酬—规模弹性系数为 0.3 |
| 魏刚、李增泉（2000） | 813 家 A 股上市公司（1998） | 货币报酬 | 公司业绩、公司规模 | 年薪与绩效不相关，与规模密切相关，存在地区差异 |

续前表

| 研究者 | 样本 | 因变量 | 自变量 | 主要发现 |
| --- | --- | --- | --- | --- |
| 张俊瑞、赵进文、张建（2003） | 127 家上市公司（沪市） | 年薪 | 高管持股比例、规模 | 年薪与绩效、规模稳定正相关 |
| 陈广志（2002） | 575 家沪市上市公司 | 前两名高管报酬的平均值 | ROE、总资产 | 总资产 1 亿元差距可产生 60 元报酬差距 |
| 刘斌、刘星、李世新、何顺文（2003） | 29 家沪市上市公司，47 家深市上市公司 | CEO 年薪 | 主营业收入及总资产增长率 | 增加 CEO 报酬对提高企业规模和股东财富均有一定的促进作用 |
| 杨瑞龙、刘江（2002） | 41 家家电行业上市公司 | 高管人员年薪 | 主营业收入、ROE | 规模与公司业绩正相关，规模对高管收入有正面影响 |
| 李琦（2003） | 373 家（1999）、312 家（2000）上市公司（深沪 A 股） | 高管最高年薪 | ROE、市盈率、总资产、地区等 | 公司规模、国家股比例、地区特征因素对报酬水平有明显一致的作用 |
| 蹇明（2006） | 3 408 家中国上市公司（2001—2004） | 高管报酬 | 资产、营业收入 | 高管报酬与资产、营业收入成正相关 |
| 高义（2008） | 2 399 家上市公司（2001—2004） | 高管报酬 | 业绩、规模 | 中国上市公司高管人员存在借用扩大企业规模名义来获取更高报酬的情况 |
| 陈震（2008） | 2001—2004 年中国上市公司样本 | 高管报酬 | 资产及销售规模 | 资产报酬—规模弹性系数为 0.228 73；销售报酬—规模弹性系数为 0.167 978 |
| 周菁（2010） | 2006—2007 年中国房地产上市公司 | 高管报酬 | 公司规模、股权集中度 | 高管报酬与公司规模相关 |

国内外大量的实证研究都发现，公司规模是高管报酬重要的影响因素，与报酬存在显著的正相关关系（Kersh，1974；Baker，Jensen，Murphy，1988；Cosh，Hughes，1997；Conyon，1997；Zhou，1999；Kaplan，1994，1997；谌新民等，2003）。同时，科斯图克（Kerstuke，1983）指出，若一个企业平均比另一个企业大 10%，最高经理的报酬将多 2.5%。Raihan Khan，Ravi Dharwadkar 和 Pamela Brandes（2005）通过对 CEO 工资、总报酬与公司规模进行研究发现，工资占总报酬的比例也与公司的规模正相关。亚尼夫·格林斯泰恩（Yaniv Grinstein，2004）发现，39%购并成功后的交易主体企业会给 CEO 现金奖励，且奖金数额随交易规模增长而增加。

布利斯和罗森（Bliss and Rosen，2001）对公司规模扩大的方式与 CEO 报酬进行了研究，发现无论以合并还是非合并方式扩大公司规模，公司规模都与 CEO 的报酬正相关。安德森和比齐亚克（Anderson and Bizjak，2003）研究发现，CEO 的工资加奖金总和、工资加奖金加期权总和与公司规模的相关系数分别为 0.309 和 0.486，且显著性水平均在 5%以上。Henry Ltosia，Vilmos F. Misangyic，David A. Waldmane，Angelo Fanellid 和 Francis J. Yammarino（2004）研究得出，CEO 的现金报酬与公司规模的相关系数为 0.36，且在 $P<0.01$ 的水平上显著。罗斯（Rose，1992）发现，销售额每增加 10%，经理人员收入增加 2%～3%，高管报酬—规模弹性接近 0.25。克林奇和马寥罗（Clinch and Magliolo，1993）指出，高管报酬与公司的营业收入成正相关，高管报酬不仅与销售额成正相关，而且与销售增长率、利润增长率成正相关。兰本等（Lamben et al.，1991）、戈麦斯-梅希亚（Gomez-Mejia，1994）指出，几乎所有的有关报酬影响因素的经验研究都包含了公司规模因素，在回归方程中都将规模作为控制变量，且都得到了企

业家报酬与公司规模正相关的结论。Giorgio Brunelloa，Clara Grazianob 和 Brun Parigic（2001）研究发现意大利公司高级管理人员的报酬—规模弹性显著地高于低级管理人员。埃尔斯顿和戈德堡(Elston and Goldberg，2003)研究了德国公司高管平均报酬和总报酬与销售额的关系，发现二者都与销售额有显著的正相关关系。

在以上考察的文献中，没有发现报酬与规模不相关或者负相关的证据。关于影响经营者的报酬因素的分析中，无论是经理主义的假设还是其他相关研究的出发点，都把公司规模作为影响经营者报酬的主要变量，认为公司规模对经营者具有激励作用。这种假设与结论有其合理性：一方面，规模大的企业，其管理难度、复杂性及不确定性都会较高，而这对管理者的素质也提出了较高要求，管理者不仅要有组织、决策、协调等领导能力和魅力，更要有承担风险、力挽狂澜的勇气和魄力。而这样的管理者属于“稀有资源”，其人力资本价值较高既合理又必然；另一方面，大规模的企业有实力为其管理者提供更好的报酬和待遇，而当管理者对企业的控制权较大时，那么高报酬就更容易实现。

2. 企业家规模偏好表现为非货币收益的增加

随着企业规模的扩大，可以更好地满足企业家以下三方面的需要：一是自我实现的需要；二是权力和地位的需要；三是在职消费的需要。随着企业规模的扩大，不仅可以带来更多的现实货币报酬，还可带来更多的控制权收益，即非货币报酬。企业规模大小不同，其代理人（企业家）可获得的非货币收益也会差别很大，大规模企业的代理人无论在所控制的资源(包括物质与人际关系等）还是外界的知名度方面，都远远超过小规模企业的代理人，因而其自我价值实现感、虚荣心等都得到了更大满足。

（1）自我实现、权力和地位的需要。与其他企业相比，无论是世界500 强企业还是中国 500 强企业，它们因规模庞大、资金实力雄厚，在赋予代理人挑战性工作和成长空间的同时，也为代理人提供了优越的待遇和工作环境。大部分身处世界500强的企业家都有着高于他人的工作成就感和价值感，而非世界500强的企业家也往往有着进军世界500强的梦想和目标。一是企业规模越大，代理人的收入越高。二是企业规模越大，其代理人的社会影响力也越大。根据马斯洛的需要层次理论，作为代理人的企业家，他们因自身人力资本价值较高，因而比一般人更渴望自我价值的实现，进而拥有更大的社会地位和影响力。规模较大的企业及其管理者，由于在市场上掌控的资源较多，对社会经济生活影响较大，因而也会受到更多来自公众、政府、媒体等方方面面的关注。这些外部关注的客观存在，也在一定程度上为企业家提供了规模扩张的外在推力，以此获取更大的名与利。此外，现在中国多数国企依然与行政级别挂钩，依规模分属于不同主管部门。而其管理者一般由行政任命与考核，待遇因规模不同而不同。在中国“商而优则仕”，而“优”的标准首先要大。在官本位文化熏陶了几千年的中国，行政级别对企业高管的吸引力是不言而喻的。

（2）在职消费（on-the-job consumption）的需要。在职消费亦称职务消费，是指企业负责人为履行工作职责所发生的消费性支出及享有的待遇。主要包括公务用车配备及使用、通信、业务招待（含礼品）、差旅、国（内）外考察培训等与企业负责人履行其职责相关的消费项目。[①] 由于企业高管的在职消费一般都进入企业的管理费用，所以企业家在职消费的具体数据可以从企业财务年报附注“支付的其他与经营活动有关的现金流量”中找出与在职消费有关的办公费、差旅费、业务招待费、通信费、出国费、董事会费、小车费、会议费，并分别相加而获得。在职消费一般不受法律约束，也不与业绩相联系。陈冬华、陈信元

① 参见国资委于2006年6月发布的《关于规范中央企业负责人职务消费的指导意见》。

和万华林（2005）对1999—2002年中国上市公司高管人员的在职消费和年度报酬进行对比统计发现，每一年度的高管报酬都远远小于在职消费，平均值只占在职消费的1/10，这表明在职消费可以间接使高管收入提高。李旭红（2003）认为一些公司高管人员的在职消费随意性很强，过多过滥，甚至出现失控状态。对于代理人来说，当在职消费成为规模扩大的必然战利品时，他们的意识也许会变成：既然扩大企业规模就可以轻松获取大量收入，何必拼命努力去提高公司绩效呢？在中国，甚至某些经营者去澳门利用公款豪赌的事例也常见于报端。①

随着企业规模的扩大，企业家所享有的在职消费水平也会不断提高，其实际收入也将随着在职消费水平的提高而增加。理由主要有以下几点：首先，企业规模越大，其内部监督机制一般而言会呈现出更大的漏洞，从而给企业高管在职消费提供便利。即使在管理、监督比较完善的跨国公司，高管在职消费的绝对数也会随着企业规模的扩大、影响力的增强而增加。其次，规模较大的企业，往往也备受政府领导人的关注。企业想要得到政府扶持或者倾斜性政策，就必须与政府高层接触。而作为一个互动的过程，企业高管个人必然会从中得到好处，所以很多企业高管对扩大规模总是乐此不疲。最后，随着企业规模的扩大，企业形象变得越来越重要，交际条件必然要提高，这也为企业高管增加在职消费提供了一个合理解释。

具体来讲，企业规模给企业家带来私人收益有其存在的理由：一是私人收益与企业规模控制权的不可分割性。大规模企业可以为企业家带来权力、地位、声誉，这些内生于经营者的职位，只要坐上经营者的宝座，这些收益随之而来。二是合理避税。管理人员的有些费用，比如旅游开支、教育培训等可以计入公司成本中，有避税功能。三是公司支出

① 参见马连福：《公司内部治理机制研究——中国的实践与日本的经验》，60～61页，北京，高等教育出版社，2005。

的外部性。公司为管理人员提供吃住行、办公、娱乐等相关配套设施或工具，有时还会为某些重要管理人员做广告。这些支出在为管理者带来私人收益的同时，对公司而言也具有正的外部性，不仅可以提高公司声誉，也可以体现公司实力，取信于客户。四是工作需要。经营者为了正常开展工作，还需要必要的通信费用、公关费用、秘书、专职司机等。五是监督成本过高或者激励不足。比如奢侈的餐饮等可多可少、可有可无的支付行为都是不易避免的，也为私人收益提供了可能。当然，规模带来的私人收益有些十分隐蔽，甚至与腐败有关。因企业规模庞大，管理复杂，企业家的有些败德行为不易被察觉，如直接占用或利用公司资源为亲朋好友谋取利益等。

## 2.3　代理人规模偏好的行为逻辑

作为代理人的经营者在设定企业战略目标时会考虑到多方的利益和要求。对于股东，经营者要开源节流，为其创造理想的盈利水平；对于内部员工，经营者不仅要知人善用，而且要考虑员工精神与物质的双重需求，并给予恰当而充分的激励；对于外部合作伙伴，经营者要展示与证明企业的经营实力与诚信度；对于公众和政府，经营者不仅要展现为社会创造财富的能力，更要展现造福于社会的责任感。而经营者自身，则通过扩大企业规模来实现私人效用的最大化。那么代理人的规模偏好和其他众多的企业目标是否背道而驰，其矛盾是否不可调和？本研究的观点是，代理人的规模偏好与企业的其他目标在多数情况下是一致的，并不矛盾，并且在一定程度上可以互相促进。从战略及理论来分析，企业必须达到一定规模，并实现可持续增长，规模太小或停滞不前对企业都是有风险的。一是从经营角度分析，必要的企业规模是盈亏平衡点的最低要求，是企业获利的前提；二是从投资者角度分析，投资者通常不会满足于在有限空间内压缩成本而获取的有限收益，而是更希望公司有更大的增长空间，从而获取更高的收益水平；三是从并购市场来看，公司创造价值的潜能受制于规模增长，如果公司增长率过低，很可能会成为并购者的目标；四是从企业内部文化角度看，稳步增长的公司更容易吸引和留住优秀人才，企业增长本身会提供给员工更大的提升与施展才华的空间。从实践出发，代理人规模偏好除了以上动因之外，还存在如下行为逻辑：

第一，政府制度供给中存在的规模偏好促使代理人通过规模扩张获取制度收益。对企业而言，政府制度具有稀缺性，企业的生存发展受政府制度供给的影响很大。同样，政府制度供给中也存在明显的规模偏好。从成本收益原则出发，政府为大企业提供倾斜性制度的收益更大。实际上政府制度是可以交易的，而且这种交易有其广阔的市场，有市场就会存在竞争。那么，作为拥有“稀缺资源”的供给者政府，必然会以最小成本最大收益进行制度供给。一是政府向小企业与大企业提供制度设计与供给的成本基本一致，规模弹性近乎为零；二是政府偏好向大企业提供制度供给，因为大企业的社会经济效应较高，所以对其提供制度供给的收益要大于小企业。政府对企业制度供给的规模偏好表现在以下方面：一是不同规模企业，其信用等级和地位不平等，客户乃至各级政府认同大型企业信用高于小企业；二是在经济困难时期，大企业可以获得相对较多的政策支持，而中小企业缺乏足够的政策、资金支持，只能单纯依靠自身积累来抵御重大外部风险；三是在很多重大项目投标业务方面，中小企业面临很多限制性的甚至是歧视性的政策制约；四是政府出于政绩目标，会对企业的增长速度提供助力。我国有些企业在短期内实现爆炸式增长的路径是：企业总是希望充分利用政府“寻租”，而政府也想利用企业谋求发展政绩，那么各种政策性的优惠（包括贷款支持）接踵而来，企业规模因此迅速膨胀。①

第二，市场需求中规模偏好的客观存在促使企业必须通过规模扩张获取市场空间。市场需求的规模偏好体现在以下方面：一是在产品和服务同质同价前提下，需求者会选择大企业的产品和服务。这一点可以理解，因为小企业的信息一般很难为外界所知，因而规模就成为评价企业实力和诚信度的关键参考依据。二是小规模企业在谈判、公关等方面存在劣势，因而在经营的各个环节，相对成本费用较高。为了改变这一不利地位，小企业也只好通过扩张规模来获取规模收益。

第三，资本市场约束机制的不健全，使代理人的规模偏好大行其道。这种情况与企业的考核指标有关，现实中很多企业对代理人的考核片面注重资产的规模而忽视其所带来的风险。有些企业把销售目标当做公司的最高利益，只要能增加销售，无论代价如何，都被视为英雄，“销售状元”被奉为上宾。对经营者的考核主要以账面利润和不良资产率为主，对资本成本问题考虑较少。很多时候企业的“先做大再做强”战略是出于政府和金融机构的强力推动。企业家的规模偏好正好满足政府利税的要求和金融机构对企业提供资金的门槛要求。

第四，有些企业因产品与业务模式单一，只能通过扩张销售规模来实现收益最大化。很多企业的经营模式，仍然是以薄利多销、增加销售为主。而这种单一的盈利模式，要想获取最大化收益，就必须扩张销售规模，这是企业规模扩张的必然性。大多数中小企业没有能力提供高附加值的产品和增值服务，也就不难理解其为何着力在数量上扩张了。

---

① 参见朱建武：《中小银行规模扩张的动因与行为逻辑》，载《经济管理》，2007（11）。

## 2.4 代理人规模偏好与其他目标的一致性

### 2.4.1 规模与企业知名度、影响力

由以上分析可知，代理人规模偏好是由一些主客观因素造成的，那么代理人规模偏好与企业其他目标是否在一定程度上存在一致性呢？对于历年美国《财富》杂志评选出的世界500强企业，其知名度和影响力都备受世界瞩目。

表2—2是各国/地区1996—2009年累计进入世界500强的企业数。从排名情况看，与各国/地区现实的经济实力基本相匹配，代表了一国/地区的真实经济实力。

**表2—2　1996—2009年各国/地区累计进入世界500强企业总体情况**

| 国家/地区 | 企业累计数 | 营业收入（百万美元） | 利润（百万美元） | 资产（百万美元） | 股东权益（百万美元） | 雇员数 |
|---|---|---|---|---|---|---|
| 美国 | 2 239 | 77 881 658 | 4 160 149 | 217 833 077 | 31 113 753 | 222 698 941 |
| 日本 | 1 104 | 34 186 435 | 553 229 | 117 210 005 | 11 268 363 | 66 852 795 |
| 法国 | 500 | 18 285 107 | 719 615 | 87 259 909 | 6 924 525 | 60 791 787 |
| 德国 | 478 | 19 886 643 | 518 669 | 93 685 451 | 6 430 606 | 56 363 272 |
| 英国 | 458 | 16 385 946 | 963 726 | 100 486 570 | 8 388 913 | 40 016 260 |
| 中国大陆 | 243 | 8 398 305 | 502 189 | 42 537 302 | 5 562 260 | 73 920 106 |
| 加拿大 | 173 | 3 045 256 | 176 198 | 20 612 976 | 42 537 302 | 5 562 660 |
| 瑞士 | 160 | 6 628 801 | 356 081 | 36 344 827 | 2 670 115 | 13 249 113 |
| 韩国 | 158 | 4 706 195 | 163 439 | 7 106 586 | 1 528 822 | 5 690 740 |
| 荷兰 | 150 | 7 544 164 | 395 657 | 35 554 377 | 2 659 747 | 13 595 952 |
| 意大利 | 127 | 5 114 290 | 288 106 | 26 478 337 | 2 336 634 | 10 410 833 |
| 澳大利亚 | 96 | 1 929 888 | 193 757 | 10 739 927 | 1 054 671 | 6 297 966 |
| 西班牙 | 96 | 2 945 056 | 262 195 | 17 059 621 | 1 608 652 | 8 143 266 |
| 瑞典 | 70 | 1 390 561 | 84 062 | 6 247 992 | 628 623 | 4 131 487 |

续前表

| 国家/地区 | 企业累计数 | 营业收入（百万美元） | 利润（百万美元） | 资产（百万美元） | 股东权益（百万美元） | 雇员数 |
|---|---|---|---|---|---|---|
| 比利时 | 59 | 2 210 463 | 78 869 | 17 222 349 | 681 706 | 5 122 319 |
| 巴西 | 57 | 1 754 517 | 208 930 | 6 983 561 | 934 366 | 3 932 672 |
| 印度 | 49 | 1 218 576 | 73 111 | 1 834 999 | 390 732 | 2 548 163 |
| 俄罗斯 | 44 | 1 574 248 | 275 986 | 5 031 617 | 1 913 884 | 9 381 234 |
| 中国台湾 | 37 | 856 436 | 23 116 | 1 041 283 | 210 485 | 3 282 279 |
| 墨西哥 | 34 | 1 187 261 | −4 364 | 1 777 575 | 410 171 | 3 121 396 |
| 芬兰 | 32 | 751 748 | 60 421 | 714 268 | 301 225 | 1 495 499 |
| 挪威 | 25 | 848 224 | 58 310 | 856 226 | 295 572 | 757 697 |
| 丹麦 | 15 | 475 650 | 29 833 | 4 018 877 | 277 535 | 791 094 |
| 马来西亚 | 13 | 456 373 | 104 957 | 810 008 | 425 547 | 378 970 |
| 卢森堡 | 12 | 484 852 | 28 302 | 608 195 | 232 434 | 1 584 589 |
| 新加坡 | 12 | 239 214 | −3 339 | 151 254 | 66 682 | 1 246 000 |
| 爱尔兰 | 9 | 185 113 | 13 560 | 724 682 | 85 638 | 1 171 831 |
| 奥地利 | 9 | 208 531 | 12 609 | 1 009 615 | 96 012 | 440 427 |
| 委内瑞拉 | 9 | 542 202 | 36 646 | 655 474 | 352 396 | 480 937 |
| 泰国 | 7 | 240 479 | 13 780 | 145 985 | 56 740 | 57 335 |
| 沙特阿拉伯 | 6 | 163 575 | 29 823 | 334 180 | 130 226 | 149 000 |
| 土耳其 | 6 | 180 457 | 5 421 | 219 019 | 30 724 | 376 205 |
| 波兰 | 4 | 89 462 | 683 | 60 032 | 24 053 | 92 950 |
| 葡萄牙 | 3 | 59 898 | 2 833 | 67 253 | 15 412 | 25 860 |
| 南非 | 2 | 26 046 | 2 518 | 129 757 | 10 942 | 77 465 |
| 匈牙利 | 1 | 20 644 | 821 | 15 248 | 5 819 | 17 213 |
| 以色列 | 1 | 19 802 | 320 | 14 706 | 1 627 | 18 574 |

目前除了《财富》杂志进行的世界 500 强企业排名外，《福布斯》杂志也推出了“2000 大企业”排名，同时各国相关机构也都在搞一些企业排名，如中国中企联推出的“中国 500 强企业”。这些企业排名大多是以销售额大小为排序标准。国内外公司都有入选各种排名榜的动力和热情，因为一旦上榜，相比落榜公司而言，上榜公司会因此名声大

振，从而获得更多数量、更大范围的合作机会。分公司和各种关系资源也会随企业规模的扩大而逐步建立，凭借这些资源，企业进一步拓展业务会更加顺利，规模再度扩大，资源进一步丰富，企业也进入“规模—资源—更大规模—更多资源”这一良性循环。

表2—3是2009年各国/地区进入世界500强企业数量排名与各国/地区GDP排名情况。可以看出，一国/地区进入世界500强企业数量的多少与GDP排名基本吻合，成高度正相关。图2—1为表2—3数据的图形描述。

**表2—3　　2009年各国/地区入围世界500强企业数量与GDP排名情况**

| 国家/地区 | GDP排名 | 企业数量 | 营业收入均值（百万美元） | 利润均值（百万美元） | 资产均值（百万美元） | 雇员人数均值 | 销售利润率均值（%） |
|---|---|---|---|---|---|---|---|
| 美国 | 1 | 139 | 50 002 | 1 980 | 148 195 | 116 246 | 3.5 |
| 日本 | 2 | 71 | 41 431 | 811 | 187 076 | 79 110 | 1.9 |
| 中国大陆 | 3 | 46 | 42 976 | 2 631 | 199 161 | 234 679 | 5.6 |
| 法国 | 5 | 39 | 53 485 | 1 651 | 314 872 | 131 219 | 2.8 |
| 德国 | 4 | 36 | 50 756 | 878 | 251 518 | 122 492 | 1.0 |
| 英国 | 6 | 31 | 52 847 | 3 416 | 428 595 | 106 229 | 6.9 |
| 瑞士 | 19 | 16 | 38 392 | 2 261 | 217 956 | 90 943 | 4.4 |
| 荷兰 | 16 | 13 | 62 223 | 1 284 | 274 990 | 67 063 | 2.3 |
| 韩国 | 15 | 12 | 43 060 | 1 758 | 82 050 | 64 274 | 4.6 |
| 加拿大 | 10 | 11 | 24 814 | 1 234 | 204 970 | 72 465 | 4.8 |
| 意大利 | 7 | 11 | 58 793 | 2 270 | 339 818 | 93 220 | 3.6 |
| 西班牙 | 9 | 10 | 43 761 | 4 179 | 294 299 | 90 210 | 8.2 |
| 印度 | 11 | 8 | 29 574 | 1 627 | 64 279 | 53 909 | 5.5 |
| 中国台湾 | 26 | 8 | 26 103 | 835 | 24 434 | 96 514 | 3.2 |
| 澳大利亚 | 13 | 7 | 31 084 | 2 779 | 228 565 | 82 766 | 9.5 |
| 巴西 | 8 | 7 | 43 999 | 4 600 | 197 669 | 71 008 | 9.0 |
| 比利时 | 20 | 6 | 37 306 | 895 | 262 951 | 56 908 | 1.9 |
| 俄罗斯 | 12 | 5 | 50 656 | 8 805 | 140 122 | 220 480 | 15.5 |
| 瑞典 | 22 | 5 | 24 378 | 786 | 181 675 | 60 949 | 3.8 |

续前表

| 国家/地区 | GDP 排名 | 企业数量 | 营业收入均值（百万美元） | 利润均值（百万美元） | 资产均值（百万美元） | 雇员人数均值 | 销售利润率均值（%） |
|---|---|---|---|---|---|---|---|
| 奥地利 | 23 | 3 | 20 273 | 758 | 111 319 | 56 493 | 3.8 |
| 丹麦 | 30 | 2 | 40 338 | −495 | 332 042 | 71 812 | −0.8 |
| 墨西哥 | 14 | 2 | 54 978 | −658 | 68 370 | 96 440 | 5.4 |
| 新加坡 | 45 | 2 | 23 998 | 951 | 17 046 | 115 000 | 4.0 |
| 爱尔兰 | 37 | 1 | 24 148 | 823 | 29 104 | 93 572 | 3.4 |
| 波兰 | 21 | 1 | 21 797 | 420 | 17 185 | 22 955 | 1.9 |
| 芬兰 | 34 | 1 | 56 966 | 1 238 | 51 281 | 125 829 | 2.2 |
| 卢森堡 | 72 | 1 | 65 110 | 118 | 127 697 | 315 867 | 0.2 |
| 马来西亚 | 40 | 1 | 62 577 | 11 649 | 126 038 | 39 236 | 18.6 |
| 挪威 | 24 | 1 | 74 000 | 2 912 | 97 468 | 29 500 | 3.9 |
| 沙特阿拉伯 | 25 | 1 | 27 481 | 2 420 | 79 153 | 33 000 | 8.8 |
| 泰国 | 33 | 1 | 46 220 | 1 735 | 33 111 | 10 630 | 3.8 |
| 土耳其 | 17 | 1 | 28 845 | 920 | 44 314 | 73 677 | 3.2 |
| 委内瑞拉 | 27 | 1 | 91 182 | 1 608 | 137 161 | 78 739 | 1.8 |

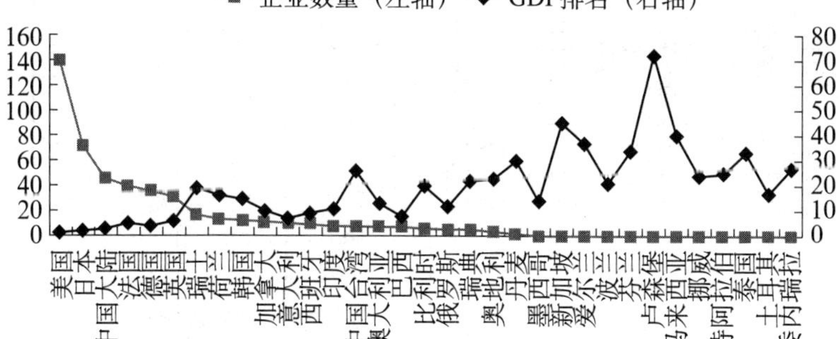


**图 2—1　2009 年各国/地区进入世界 500 强企业数量与 GDP 排名情况对比**

中企联自 2002 年以来，也按照类似美国《财富》杂志评选“世界 500 强企业”的标准推出“中国 500 强企业”排名榜单。表 2—4 是 2009 年世界 500 强企业与中国 500 强企业前 20 强企业业务量对比情况。

表 2—4　**2009 年中国 500 强企业与世界 500 强企业前 20 强企业排名情况**

| 名次 | 中国 500 强企业前 20 强(百万元) | | | | 世界 500 强企业前 20 强(百万美元) | | | |
|---|---|---|---|---|---|---|---|---|
| | 企业名称 | 营业收入 | 利润 | 资产 | 企业名称 | 营业收入 | 利润 | 资产 |
| 1 | 中石化 | 1 280 410 | 39 317 | 1 288 890 | 沃尔玛 | 408 214 | 14 335 | 170 706 |
| 2 | 国家电网公司 | 1 259 775 | −2 342 | 1 841 936 | 皇家壳牌石油 | 285 129 | 12 518 | 292 181 |
| 3 | 中石油 | 1 130 039 | 70 172 | 2 221 397 | 埃克森美孚 | 284 650 | 19 280 | 233 323 |
| 4 | 中国移动 | 490 122 | 109 711 | 943 786 | 英国石油公司 | 246 138 | 16 578 | 235 968 |
| 5 | 中国工商银行 | 473 406 | 129 350 | 12 000 000 | 丰田汽车公司 | 204 106 | 2 256 | 324 869 |
| 6 | 中国建设银行 | 398 672 | 106 836 | 9 623 355 | 日本邮政控股 | 202 196 | 4 849 | 3 196 010 |
| 7 | 中国人寿 | 389 503 | 21 346 | 1 554 645 | 中石化 | 187 518 | 5 756 | 188 793 |
| 8 | 中铁建 | 355 520 | 6 731 | 282 990 | 国家电网公司 | 184 496 | −343 | 269 801 |
| 9 | 中铁股份 | 346 367 | 7 408 | 311 781 | 安盛 | 175 257 | 5 012 | 1 016 270 |
| 10 | 中国农业银行 | 338 427 | 65 002 | 8 882 588 | 中石油 | 165 496 | 10 272 | 325 384 |
| 11 | 中国银行 | 334 741 | 64 360 | 8 748 117 | 雪佛龙 | 163 527 | 10 483 | 164 621 |
| 12 | 中国南方电网 | 312 423 | 1 887 | 440 439 | 荷兰国际集团 | 163 204 | −1 300 | 1 669 711 |
| 13 | 东风汽车公司 | 269 159 | 14 897 | 175 533 | 通用电气 | 156 779 | 11 25 | 781 818 |
| 14 | 中建股份有限公司 | 260 379 | 5 729 | 292 584 | 道达尔 | 155 887 | 11 741 | 183 312 |
| 15 | 中化集团公司 | 243 028 | 5 216 | 171 603 | 美国银行 | 150 450 | 6 276 | 2 223 299 |
| 16 | 中国电信集团公司 | 242 895 | 9 047 | 660 411 | 大众公司 | 146 205 | 1 334 | 254 232 |
| 17 | 上海汽车工业总公司 | 229 723 | 7 310 | 203 215 | 康菲石油 | 139 515 | 4 858 | 152 588 |
| 18 | 中交通建设有限公司 | 228 605 | 7 652 | 272 377 | 巴黎银行 | 130 708 | 8 106 | 2 952 591 |
| 19 | 中海油 | 209 578 | 38 654 | 518 349 | 意忠利保险公司 | 126 012 | 1 820 | 608 134 |
| 20 | 中信集团公司 | 209 064 | 18 892 | 2 153 837 | 安联保险集团 | 125 999 | 5 973 | 838 046 |
| 合计 | | 9 001 836 | 727 175 | 52 587 833 | | 3 801 486 | 139 804 | 16 081 657 |

资料来源：《财富》网站和中企联网站。

从表 2—4 的数据可以看出，2009 年世界 500 强企业前 20 强的总销售收入达到 38 014.86 亿美元，按 2009 年 12 月 31 日的外汇价，1 美元等于 6.828 2 元人民币的汇率计算，约为中国 500 强前 20 强销售收入总和的 2 倍多。中国的企业规模与全球顶尖企业的规模虽然存在一定的差距，但差距在不断缩小。众所周知，无论是世界 500 强企业还是中国 500 强企业，其在国际国内的知名度、影响力以及企业形象都远远超过非 500 强企业。同时，中国企业进军 500 强的数字也说明企业规模的扩大，对于企业本身知名度、影响力的提高及形象塑造以及国家经济实力的提升都会有积极的推进和影响。

由表 2—5 可以看出，我国进入世界 500 强企业的数量与国内生产总值（GDP）在 1996—2009 年基本成同向增长关系。1996 年我国进入世界 500 强企业的数量仅有 3 家，GDP 为 71 176.59 亿元，而到 2009 年，进入世界 500 强企业的数量已经达到 46 家，GDP 达到 335 353 亿元。图 2—2 为表 2—5 数据的图形描述。我国进入世界 500 强企业的数量与 GDP 的相关性高达 0.979，并成明显线性关系（见表 2—6）。

**表 2—5　　我国 1995—2009 年期间进入世界 500 强企业情况**

| 年份 | 企业数量 | 最好排名 | 国内生产总值（亿元） | 营业收入（百万美元） | 利润（百万美元） | 资产额（百万美元） | 雇员人数 |
|---|---|---|---|---|---|---|---|
| 1995 | 2 | 167 | 60 793.70 | 31 583.10 | 986.00 | 275 641.50 | 238 767 |
| 1996 | 3 | 164 | 71 176.59 | 50 390.90 | 1 231.20 | 302 112.40 | 241 782 |
| 1997 | 4 | 173 | 78 973.03 | 63 827.70 | 1 625.10 | 327 650.40 | 407 430 |
| 1998 | 8 | 73 | 84 402.28 | 132 826.50 | 2 844.40 | 841 398.60 | 2 199 850 |
| 1999 | 10 | 58 | 89 677.05 | 199 555.90 | 3 754.70 | 1 551 695.40 | 4 405 939 |
| 2000 | 12 | 68 | 99 214.55 | 272 195.40 | 13 587.90 | 1 862 451.90 | 6 085 002 |
| 2001 | 11 | 60 | 109 655.17 | 260 544.30 | 12 177.40 | 1 962 310.10 | 5 403 732 |
| 2002 | 11 | 69 | 120 332.69 | 396 071.40 | 13 398.90 | 1 994 426.50 | 216 011 |

续前表

| 年份 | 企业数量 | 最好排名 | 国内生产总值（亿元） | 营业收入（百万美元） | 利润（百万美元） | 资产额（百万美元） | 雇员人数 |
|---|---|---|---|---|---|---|---|
| 2003 | 15 | 46 | 135 822.76 | 367 624.40 | 15 832.10 | 2 471 263.00 | 4 921 837 |
| 2004 | 16 | 31 | 159 878.34 | 464 476.60 | 30 674.50 | 2 832 041.10 | 5 167 592 |
| 2005 | 14 | 32 | 183 217.40 | 344 992.70 | 16 987.50 | 2 439 191.10 | 3 382 632 |
| 2006 | 24 | 17 | 211 923.50 | 838 478.30 | 58 163.10 | 4 076 418.10 | 7 227 593 |
| 2007 | 29 | 16 | 257 305.60 | 1 144 330.20 | 90 444.90 | 5 153 244.00 | 7 553 493 |
| 2008 | 37 | 9 | 300 670.00 | 1 660 833.10 | 97 523.60 | 7 161 768.60 | 5 766 313 |
| 2009 | 46 | 7 | 335 353.00 | 1 946 011.00 | 123 044.00 | 9 293 117.30 | 10 817 370 |

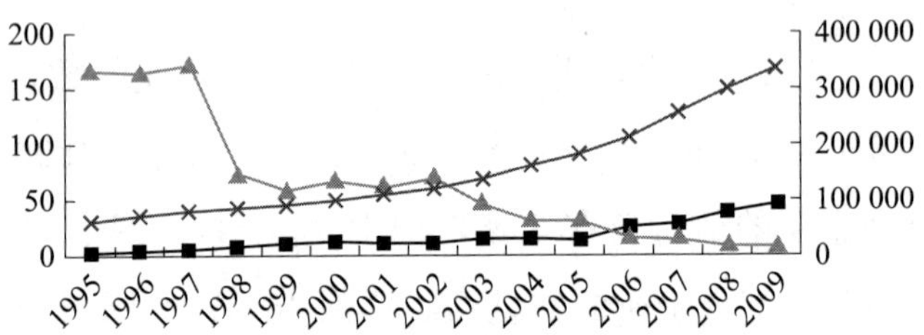


**图 2—2　我国 1995—2009 年进入世界 500 强企业数量、排名与 GDP 增长情况**

**表 2—6　我国 1995—2009 年进入世界 500 强企业数量与国内生产总值的相关性**

| | | 进入世界 500 强企业数量 | 国内生产总值（亿元） |
|---|---|---|---|
| 进入世界 500 强企业数量 | Pearson 相关性 | 1 | 0.979* |
| | 显著性（双侧） | | 0.000 |
| | *N* | 15 | 15 |
| 国内生产总值（亿元） | Pearson 相关性 | 0.979* | 1 |
| | 显著性（双侧） | 0.000 | |
| | *N* | 15 | 15 |

*表示在 0.01 的水平（双侧）上显著相关。

对我国 1995—2009 年进入世界 500 强企业数量与 GDP 做回归，得到如图 2—3 所示的散点图。

从散点图可以判断出，进入世界 500 强企业的数量与 GDP 成线性关系。对其做简单线性分析，结果如表 2—7 所示。

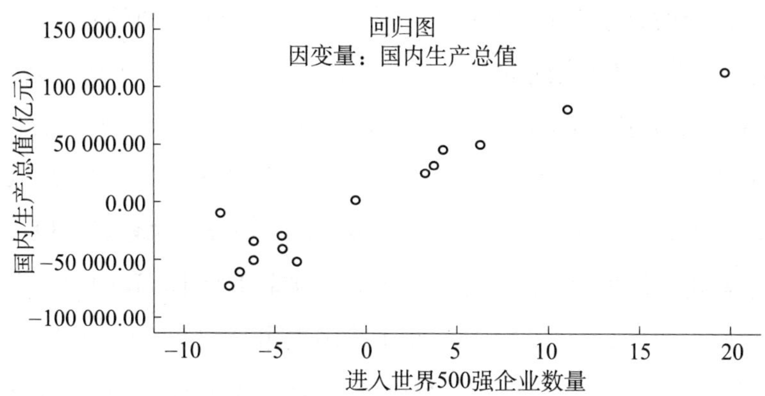


**图 2—3　我国 1995—2009 年进入世界 500 强企业数量与国内生产总值的回归散点图**

**表 2—7　我国 1995—2009 年 GDP 与进入世界 500 强企业数量（$N$）的线性关系**

| 因变量 | 系数 | $t$ 值 | $P$ 值 | $F$ | $R^2$ |
|---|---|---|---|---|---|
| GDP | $\alpha$：44 974.590 | 220.350 | 0.000 | 297.774 | 0.958 |
| | $\beta$：0.979 | 17.256 | 0.000 | | |

假定其他条件相同，我国 1995—2009 年 GDP 与进入世界 500 强企业的数量高度相关，具有明显线性关系。简单线性模型如下：

$$GDP=44\ 974.590+0.979N_{500}+\varepsilon$$

模型通过 $F$ 检验与 $T$ 检验，同时 $P<0.05$，线性回归具有意义。从以上分析可以得出，无论从企业自身还是整个国家来看，企业规模的扩大都会扩大企业及国家的知名度与影响力。

### 2.4.2　规模与企业的利润

按营业收入规模，可以把历年进入世界 500 强企业的公司划分为 4 个等级，通过分析得出，规模较大的公司在盈利面和利润绝对值方面都明显优于规模较小的公司，这也充分体现了规模效益在公司绩效表现方面所发挥的重要作用。

表 2—8 表明，1997—2009 年世界 500 强企业中，营业收入在 500 亿美元以上的企业有 1 069 家，300 亿～500 亿美元之间的企业 861 家，200 亿～300 亿美元之间的企业 1 592 家，200 亿美元以下的企业 2 675 家；盈利面分别为 89.90%、89.55%、87.50%、87.00%；营业收入与利润相关系数分别为 0.428、0.108、无显著相关、0.108。从以上数据可以看出，营业收入规模较大的企业，盈利情况相对较好，相对值和绝对值都优于规模较小的企业。世界 500 强企业如此，我国的上市公司也是如此。如表 2—9 所示，2009 年我国上市公司在 50 亿元以上、10 亿～50 亿元、10 亿元以下三个规模企业的盈利面分别为 93.88%、89.45%、82.39%，同样也是资产规模较大的企业盈利情况较好。

**表 2—8　　1997—2009 年不同营业规模世界 500 强企业的盈利情况**

| 营业收入（亿美元） | 公司数 | 盈利与亏损户数之比 | 盈利面（%） | 利润平均值（百万美元） | 营业收入均值（百万美元） | 营业收入与利润相关系数 |
|---|---|---|---|---|---|---|
| 500 以上 | 1 069 | 961∶108 | 89.90 | 4 494.99 | 92 237.37 | 0.428 |
| 300～500 | 861 | 771∶90 | 89.55 | 1 990.74 | 36 206.82 | 0.108 |
| 200～300 | 1 592 | 1 393∶199 | 87.50 | 1 139.97 | 24 371.95 | 不明显 |
| 200 以下 | 2 675 | 2 327∶348 | 87.00 | 584.21 | 14 704.23 | 0.108 |

**表 2—9　　2009 年中国上市公司不同企业规模盈利情况**

| 资产规模（亿元） | 公司数 | 盈利与亏损公司数之比 | 盈利面（%） | 利润总额（亿元） | 营业收入总额（亿元） |
|---|---|---|---|---|---|
| 50 以上 | 343 | 322∶21 | 93.88 | 5 038.01 | 84 416.53 |
| 10～50 | 806 | 721∶85 | 89.45 | 879.61 | 16 379.75 |
| 10 以下 | 511 | 421∶90 | 82.39 | 161.04 | 2 290.12 |

以上数据说明，随着规模的扩大，企业也更容易取得范围经济(economies of scope)和规模经济（economies of scale）效应。在微观经济学意义上，规模经济，又称“规模利益”（scale merit)，即在给定技术的条件下，对于某一产品，如果在某些产量范围内平均成本是下降的，我们就认为存在着规模经济。①而范围经济的主要思想是，如果联合生产几种产品的支出比分别生产它们的支出要少，那么这种联合生产就被称为范围经济，它是一个企业同时生产多种产品形成的经济性。由此可看出，无论是达到规模经济还是范围经济，都是指企业因生产规模的扩大，使得企业的收益递增、成本递减，从而实现了节约，进而能够实现成本领先战略，有利于利润的增加。

同任何经济理论一样，企业规模的变化所带来的经济效应也吸引了很多经济学家对其进行多角度的探讨和研究。经济学家马歇尔最早肯定了报酬递增规律的客观存在性，提出大企业拥有更好的资本使用效率，会获得更多的报酬。进入 20 世纪 50 年代后，以贝恩（Bain）为代表的经济学家也集中研究了企业规模与利润率的关系。贝恩的研究表明，“市场结构中产业集中度高的产业，企业规模与利润率之间存在着正相关关系，亦即利润率随产业集中度提高而增加，利润率随企业规模扩大而增加。”②理查德·卡维斯（Richard Kavies）也发现，当 8 家最大企业控制 70%以上的部门销售额时，能够比集中度低的产业部门获得更高的利润率，这种集中水平说明寡头垄断可以对其他厂商施加影响。W. J. 鲍莫尔进一步发展了企业回报率随企业规模扩大而增加的思想。20 世纪 70 年代初，以德姆塞茨为

① 参照权威的《新帕尔格雷夫经济学辞典》。

② Bain, J. S.,“Relation of Profit-Rate to Industry Concentration: American Manufacturing, 1936－1940,” *Quarterly Journal of Economics*, 1951 (65): 293－324.

代表的一批经济学家也强调了企业规模的重要性，论证了企业的效率同企业规模与利润率之间存在着正相关关系。1966 年，著名经济学家卡尔多（N. Kaldor）在题为《联合王国的缓慢的增长率的起因》的讲演中也曾指出，制造业的生产过程具有收益递增的性质，即生产率提高与产出规模之间具有正相关关系。值得注意的是，卡尔多提到的收益递增，不仅包括由于大规模生产而带来的利益，也包括产业自身增长的累积优势——技能和专利的发展、交流经验的机会、专业化的机会等。[①]由此可以看出，企业规模的扩大，在一定程度上的确会更有利于企业成本的控制和利润的提高。另外，随着企业规模的扩大，企业的现金流动也会更加频繁。这是由于企业达到一定的规模后，比如随着更多分公司的相继成立，不同地域公司的产销时间和企业战略都不尽相同，那么企业流动资金的运动也会更加频繁和均衡，以便于企业统一建立合理有效的现金储备。

### 2.4.3 规模与企业的竞争力

麦吉（McGee，1958）、特尔泽（Telser，1966）以及贝努瓦（Benoit，1983，1984）曾经针对市场中企业规模较大、资金较雄厚、实力较强厂商的一些“掠夺性行为”[②] 进行了分析，并引入了“鼓鼓钱袋”模型[③]。他们认为，如果被掠夺厂商面临着资金约束，那么其将处于不利地位，因为此时掠夺方的钱袋更“鼓”，或者说可以承受更长时期的

① 参见杨宏儒：《工业组织与经济增长的理论研究》，23～24 页，北京，三联书店出版社，1994。

② “掠夺性行为”发生于在位厂商之间，即一个厂商通过实施掠夺而力图将其对手驱逐出市场，或充当遏止潜在竞争对手进入的工具。

③ “鼓鼓钱袋”模型的核心含义是，一些资金实力较强的企业，不仅更容易获得外部融资，而且可以利用价格战，拖垮竞争对手，令其退市或将其收购。

损失，从而使掠夺方有能力耗尽被掠夺厂商的资金储备。在完全信息条件下，被掠夺厂商将意识到自己的资金劣势并宁愿在博弈一开始就退出市场，这也意味着面临资金劣势的厂商将遭到进入遏制。但是，在不完全信息情况下，被掠夺厂商有可能成功地规避这一风险，新进入厂商可以通过发送（传递）资金充裕的信号而避免被掠夺。同样，“鼓鼓钱袋”效应也可以解释企业竞争力。如果一个企业拥有更大的规模、足够的资金和实力，那么它将更容易获得外部融资的机会，得到更多的资金，从而更有力地打击竞争对手，使企业自身的竞争力得到快速提高。同样，“乐队花车”效应①也有着近似的思路，这一效应意味着随着规模的扩大，市场经营变得越来越容易，从而能够获得一种包括成本在内的集群优势。由此可以看出，在一般情况下，企业规模越大，资金实力也越雄厚，这对于未来企业竞争力的提升将提供更多的便利和更大的空间。

但在这里值得注意的是，作为代理人的经营者是一个独立的利益集团，他们有自己的期待和追求。明确地说，主观上，企业家的根本目标还是追求企业规模的最大化，但在他们追求这一目标的过程中，企业的其他目标也在一定程度上得以实现。所以这一现象可以看作是企业家的主观追求与客观效应目标的实现——主观上追求企业规模最大化，客观上也会促进诸如企业知名度的提高、成本降低、利润增加以及企业竞争力的提升等。所以，对于委托人（股东）而言，并不应该将代理人（企业家）放在一个完全对立的位置上，在更多时候企业家和股东可以算是同一个利益方，企业家在实现自我目标的同时，实际上也帮了股东和企

① 乐队花车直接翻译自英文 band wagon，也就是在花车大游行中搭载乐队的花车。参加者只要跳上了这台乐队花车，就能够轻松地享受游行中的音乐，且不用走路，因此，英文中的“jumping on the band wagon”（跳上乐队花车）就代表了“进入主流”。

业的忙。然而，企业规模代表了控制权的大小，规模越大，企业家将获得越多的现金报酬；规模越大，高管人员将可以获得越多的控制权收益。随着规模的扩大，公司模式也变得复杂起来。此时管理者通常都不受股东的严格控制，而且他们通常都在董事会中占据支配地位。这会带来权力的滥用，这也是为什么近年来出现那么多企业诈骗和公司丑闻的原因。

# 第3章
# 代理人规模偏好的实证分析

在第2章对代理人规模偏好进行理论分析的基础之上，本章拟从不同角度对代理人规模偏好假设进行分解，并对具体假设进行实证检验。

## 3.1 研究假设

**假设1：**在其他条件相同的情况下，企业家报酬与企业规模正相关。

本假设是从代理人个人收益角度出发，探讨代理人规模偏好的合理性。因为报酬代表代理人的物质利益，所以检验报酬与企业规模的正相关性，可以对代理人规模偏好作出合理性解释。前面的分析表明，随着企业规模的扩大，企业家的物质与非物质效用也会增加，而代理合同正是因为市场观察到了这一关系才得以顺利签订。根据我们对企业规模的界定，我们将销售规模作为企业规模变量。企业家报酬采用企业前三名高管报酬总额。

企业家报酬与企业规模的线性关系单变量回归模型为：

$$\ln SALARY=\alpha_1+\beta_1\ln MAININ+\varepsilon_1$$

**假设 2**：在其他条件相同的情况下，企业家报酬与企业绩效正相关。企业绩效用主营业务利润率（ROI）来代表。

这一假设是从企业实践出发，试图验证企业规模与企业绩效两个变量中，哪一个是影响企业家报酬的关键因素。

**假设 3**：在其他条件相同的情况下，企业规模与利润正相关。

这一假设是从企业本身（包括股东及员工等利益相关者）角度出发，试图验证企业家规模偏好与其他利益相关者目标在一定程度上的一致性及合理性。

以上 3 个假设都是对代理人规模偏好结果所产生的效应进行验证，并不能说明企业家规模偏好本身。由于营业收入增长率反映了企业规模扩张的程度，而利润增长率是衡量股东财富增长的关键指标，因此，具有规模偏好的代理人，相对于利润增长率而言，代理人更偏好追求营业收入增长率，因而提出假设 4。

**假设 4**：在多数情况下，企业家对企业规模扩张速度的追求超过对利润增长速度的追求，即营业收入增长率大于利润增长率。

如果在统计检验上这一假设成立，就可以说明代理人在实践中确实存在规模偏好，所以假设 4 的成立对于整个代理人规模偏好假设的检验至关重要。

## 3.2 样本情况与变量说明

### 3.2.1 数据来源

（1）假设 1、假设 2 的数据来源于“CSMAR 数据库”中的“中国上市公司治理结构研究数据库”和“财务数据库”。选择国内上市公司数据的主要考虑是：一是数据的可获得性；二是对于假设 1、假设 2，国外已有相当多的文献进行了研究，并得出了比较一致的结论，而国内研究结论尚不一致，所以有必要对国内数据再次进行论证和分析。本研究选取 1999—2009 年间中国上市公司全部样本作为研究对象，并按照以下原则对样本公司进行筛选：在数据收集及整理过程中，剔除数据缺失的公司，经过筛选，最终得到 8 613 个样本。

（2）假设 3、假设 4 的数据来源于《财富》杂志世界 500 强企业。因为对于假设 3、假设 4，目前国内外没有相关文献对此进行实证研究，而历年世界 500 强企业数据具有典型代表性，因而以此做实证研究更具有普遍适用意义。本研究采用 1997—2009 年世界 500 强企业数据，剔除数据缺失的公司，最终得到 6 498 个样本。

### 3.2.2　变量说明

1. 高管报酬（SALARY）

本研究选择企业前三名高管现金报酬总额为研究对象，考虑到数量级的问题，对其取自然对数，因为原始数据的预测误差在 45%左右。虽然整体序列是平稳的，但是序列值之间的差别比较大，最大值与最小值之间的差别高达 2 000 多倍，在这种情况下，误差往往会比较大。取自然对数后误差变小，为 3%～4%。取对数将原始数据之间的差别大幅缩小，最大值和最小值之间的差别大概在 30%，因此从整体上控制了预测的误差。

2. 企业规模（SIZE）

本书用主营业务收入 MAININ 衡量企业规模。考虑到数量级的问题，对规模变量取自然对数。

3. 绩效指标（PERF）

本研究采用主营业务利润率（ROI）作为业绩衡量指标，并取自然对数。

4. 规模扩张指标（GOR）

本研究采用营业收入增长率作为代理人规模偏好的指标。

5. 股东效用指标（GOSW）

本研究采用利润增长率作为股东追求的指标。

## 3.3 假设1、假设2的实证分析结果

### 3.3.1 描述性统计

我国 1999—2009 年全部上市公司的有效样本为 8 613 个。其中代表企业绩效的主营业务利润率（ROI）的自然对数平均值为－2.54，这说明我国历年来上市公司的总体绩效水平并不好（见表 3—1 和表 3—2）。

表 3—1　我国上市公司 1999—2009 年全部样本整体描述统计量

| | *N* | 极小值 | 极大值 | 均值 | 标准差 |
|---|---|---|---|---|---|
| lnSALARY | 9 835 | －0.67 | 12.05 | 3.81 | 1.01 |
| lnMAININ | 9 832 | －2.09 | 18.79 | 11.31 | 1.47 |
| lnROI | 8 616 | －9.05 | 11.60 | －2.54 | 1.16 |
| lnASSET | 9 834 | 1.63 | 19.15 | 12.04 | 1.15 |
| 有效的 *N*（列表状态） | 8 613 | | | | |

表 3—2　我国上市公司 1999—2009 年全部样本变量按年份的描述性统计

| 年份 | lnSALARY | | | lnMAININ | | lnASSET | | lnROI | |
|---|---|---|---|---|---|---|---|---|---|
| | 计数 | 均值 | 标准差 | 均值 | 标准差 | 均值 | 标准差 | 均值 | 标准差 |
| 1999 | 301 | 3.534 | 1.067 | 11.199 | 1.646 | 12.052 | 1.173 | －2.516 | 1.246 |
| 2000 | 272 | 3.572 | 1.093 | 11.129 | 1.671 | 12.031 | 1.152 | －2.591 | 1.362 |

续前表

| 年份 | lnSALARY | | | lnMAININ | | lnASSET | | lnROI | |
|---|---|---|---|---|---|---|---|---|---|
| | 计数 | 均值 | 标准差 | 均值 | 标准差 | 均值 | 标准差 | 均值 | 标准差 |
| 2001 | 714 | 3.763 | 1.035 | 11.372 | 1.483 | 12.138 | 1.165 | −2.628 | 1.209 |
| 2002 | 833 | 3.783 | 0.971 | 11.288 | 1.665 | 12.096 | 1.221 | −2.499 | 1.260 |
| 2003 | 856 | 3.796 | 0.968 | 11.330 | 1.514 | 12.086 | 1.156 | −2.562 | 1.108 |
| 2004 | 993 | 3.803 | 1.003 | 11.315 | 1.458 | 12.068 | 1.135 | −2.522 | 1.171 |
| 2005 | 1 022 | 3.754 | 1.014 | 11.281 | 1.425 | 12.043 | 1.077 | −2.562 | 1.161 |
| 2006 | 1 077 | 3.828 | 1.040 | 11.321 | 1.401 | 12.023 | 1.087 | −2.555 | 1.130 |
| 2007 | 1 185 | 3.853 | 0.981 | 11.303 | 1.410 | 11.967 | 1.062 | −2.579 | 1.098 |
| 2008 | 1 228 | 3.874 | 0.989 | 11.312 | 1.382 | 11.976 | 1.094 | −2.543 | 1.140 |
| 2009 | 1 354 | 3.941 | 1.030 | 11.372 | 1.447 | 12.068 | 1.302 | −2.457 | 1.111 |

从年份来看，我国上市公司在 1999—2009 年间，公司数量在稳步上升，而高管报酬的自然对数也在逐年增长。随着上市公司数量的增加，企业相对平均规模变化不大，而各年度间的经营绩效变化较大，总体平均数为负，说明企业间竞争很激烈。

### 3.3.2 相关性分析

高管报酬与企业规模、企业绩效的相关性见表 3—3。

**表 3—3　　高管报酬与企业规模、企业绩效的相关性***

| | | lnSALARY | lnMAININ | lnROI | lnASSET |
|---|---|---|---|---|---|
| lnSALARY | Pearson 相关性 | 1 | 0.433** | 0.006 | 0.417** |
| | 显著性（双侧） | | 0.000 | 0.541 | 0.000 |
| lnMAININ | Pearson 相关性 | 0.433** | 1 | −0.312** | 0.821** |
| | 显著性（双侧） | 0.000 | | 0.000 | 0.000 |
| lnROI | Pearson 相关性 | 0.006 | −0.312** | 1 | −0.053** |
| | 显著性（双侧） | 0.541 | 0.000 | | 0.006 |
| lnASSET | Pearson 相关性 | 0.417** | 0.821** | −0.053** | 1 |
| | 显著性（双侧） | 0.000 | 0.000 | 0.006 | |

* 列表中 $N$=8 613。

** 表示在 0.01 的水平（双侧）上显著相关。

### 3.3.3 线性分析

从表 3—3 的相关性分析可以看出，企业高管报酬与营业收入、资产成显著正相关关系，相关系数分别为 0.433、0.417，而与企业绩效虽然也存在相关性，但相关系数仅为 0.006。假设 1、假设 2 都成立。在此结果基础上进一步对高管报酬与企业规模、企业绩效进行简单线性关系分析，发现高管报酬与企业绩效无线性关系（见图 3—1），而与企业规模成简单线性关系（见图 3—2）。

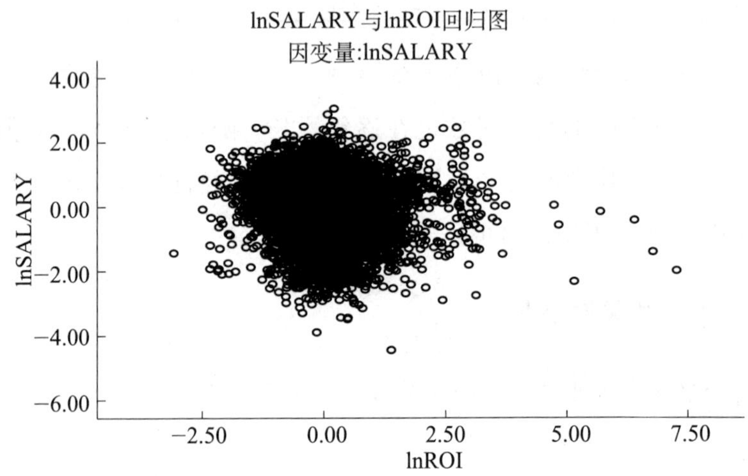


**图 3—1　高管报酬与主营业务利润率取自然对数的回归图**

从表 3—4 可知，高管报酬与企业营业收入规模、企业资产规模均具有线性关系。$P<0.05$，接受两变量相关的假设，而且系数通过了 $t$ 检验，因此高管报酬与企业规模的简单线性关系可表示为：

$$\text{lnSALARY}=-0.612+0.471\text{lnASSET}+\varepsilon_1$$

或者

$$\text{lnSALARY}=0.445+0.433\text{lnMAININ}+\varepsilon_1$$

通过上述回归方差分析（$F$ 检验）可得，$F$ 值分别为 2 071.784 和

2 263.923，且 $P<0.05$，因此回归方程有意义。表明在其他条件相同的情况下，企业高管报酬与企业规模正相关，具有简单线性关系。

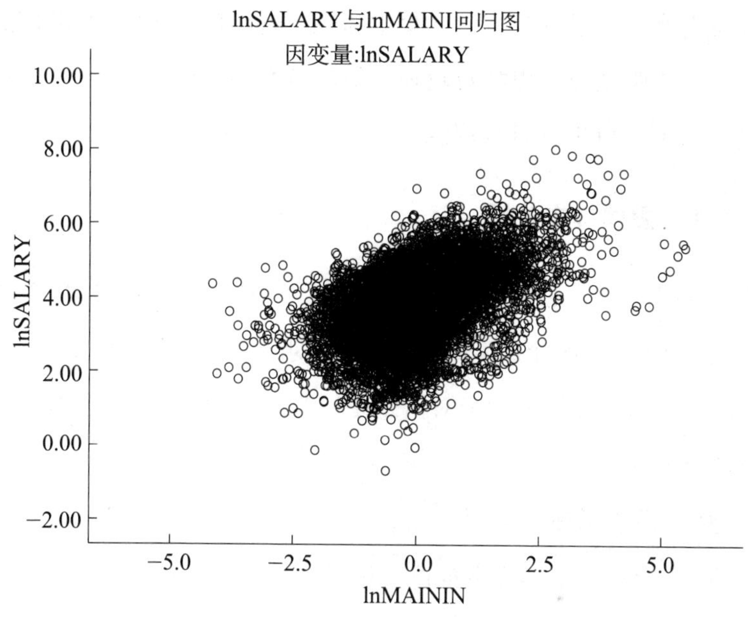


**图 3—2　高管报酬与营业收入取自然对数的回归图**

**表 3—4　　　高管报酬与公司规模的线性关系**

| 因变量 | 自变量 | 系数 | $t$ | $P$ | $F$ | $R^2$ |
|---|---|---|---|---|---|---|
| lnSALARY | lnASSET | $\alpha_1$：−0.612 | −6.266 | 0.000 | 2 071.784 | 0.174 |
| | | $\beta_1$：0.417 | 45.517 | 0.000 | | |
| lnSALARY | lnMAININ | $\alpha_1$：0.445 | 6.228 | 0.000 | 2 263.923 | 0.187 |
| | | $\beta_1$：0.433 | 47.581 | 0.000 | | |
| 有效样本数 | 8 613 | | | | | |

## 3.4　假设 3 的实证分析结果

假设 3 的数据来源于《财富》杂志 1997—2009 年间评出的世界 500

强企业，世界500强企业是世界上大企业的代表，是所在国家经济发展的支撑和推动力量，集中了各个时代的支柱产业和新兴产业，是先进技术的开发者和新产品的生产者，集中体现了各国的综合国力和国际竞争力。世界500强企业历史相对较长，地域分布与行业分布较广，以此为样本进行实证分析更具有普遍意义。

### 3.4.1 整体样本分析

本研究以1997—2009年13年间37个国家和地区、42个行业、1 165个公司的6 498个统计样本为研究对象。[①] 同样，由于历年世界500强企业各项财务指标的绝对值差距巨大，为避免误差过大，所以对各项财务指标取自然对数。

1. 整体样本描述统计量

表3—5给出了整体样本描述统计量。

表3—5 整体样本描述统计量

| | N | 极小值 | 极大值 | 均值 | 标准差 | 偏度 | |
|---|---|---|---|---|---|---|---|
| | 统计量 | 统计量 | 统计量 | 统计量 | 统计量 | 统计量 | 标准误 |
| lnMAININ | 6 498 | 9.094 | 13.035 | 10.163 | 0.670 | 0.929 | 0.031 |
| lnPROFIT | 6 498 | 0.000 | 10.719 | 6.882 | 1.387 | −0.550 | 0.033 |
| lnASSET | 6 498 | 5.958 | 15.146 | 10.717 | 1.384 | 0.520 | 0.031 |
| ln股东权益 | 6 498 | 2.197 | 12.322 | 9.058 | 1.131 | −0.365 | 0.033 |
| ln雇员 | 6 498 | 3.401 | 14.557 | 10.921 | 1.125 | −0.657 | 0.031 |
| 有效的N（列表状态） | 6 498 | | | | | | |

2. 整体样本相关性分析

表3—6给出了整体样本相关性分析结果。

① 剔除了部分指标缺失的企业。

表 3—6　　整体样本相关性分析

| | | lnMAININ | lnPROFIT | lnASSET | ln 股东权益 | ln 雇员 |
|---|---|---|---|---|---|---|
| lnMAININ | Pearson 相关性 | 1 | 0.545* | 0.519* | 0.610* | 0.419* |
| | 显著性（双侧） | | 0.000 | 0.000 | 0.000 | 0.000 |
| | *N* | 6 498 | 6 498 | 6 498 | 6 498 | 6 498 |
| lnPROFIT | Pearson 相关性 | 0.545* | 1 | 0.526* | 0.742* | 0.328* |
| | 显著性（双侧） | 0.000 | | 0.000 | 0.000 | 0.000 |
| | *N* | 6 498 | 6 498 | 6 498 | 6 498 | 6 498 |
| lnASSET | Pearson 相关性 | 0.519* | 0.526* | 1 | 0.705* | 0.161* |
| | 显著性（双侧） | 0.000 | 0.000 | | 0.000 | 0.000 |
| | *N* | 6 498 | 6 498 | 6 498 | 6 498 | 6 498 |
| ln 股东权益 | Pearson 相关性 | 0.610* | 0.742* | 0.705* | 1 | 0.369* |
| | 显著性（双侧） | 0.000 | 0.000 | 0.000 | | 0.000 |
| | *N* | 6 498 | 6 498 | 6 498 | 6 498 | 6 498 |
| ln 雇员 | Pearson 相关性 | 0.419* | 0.328* | 0.161* | 0.369* | 1 |
| | 显著性（双侧） | 0.000 | 0.000 | 0.000 | 0.000 | |
| | *N* | 6 498 | 6 498 | 6 498 | 6 498 | 6 498 |

* 表示在 0.01 水平（双侧）上显著相关。

从表 3—6 可知，企业营业收入与利润、资产、股东权益、雇员成明显正相关关系，相关系数分别为 0.545、0.519、0.610、0.419。

3. 对相关变量进行控制后的相关性分析

表 3—7 在对行业、地区、年度、规模 4 个相关变量进行控制之后，企业营业收入与其他财务指标变量间的相关系数有所下降，其中年度与规模变量对相关系数的影响更为明显。但无论从行业、地区，还是从年度、规模来分析，企业营业收入都与利润、资产、股东权益、雇员间存在显著正相关性。

表 3—7 控制相关变量之后 lnMAININ 与其他变量的相关性

| 控制变量 | | | lnPROFIT | lnASSET | ln 股东权益 | ln 雇员 |
|---|---|---|---|---|---|---|
| 行业 | lnMAININ | 相关性 | 0.410 | 0.323 | 0.548 | 0.416 |
| 地区 | lnMAININ | 相关性 | 0.407 | 0.311 | 0.549 | 0.416 |
| 年度 | lnMAININ | 相关性 | 0.325 | 0.285 | 0.519 | 0.409 |
| 规模 | lnMAININ | 相关性 | 0.317 | 0.158 | 0.396 | 0.273 |
| | | 显著性（双侧） | 0.000 | 0.000 | 0.000 | 0.000 |
| | | df | 6 498 | 6 498 | 6 498 | 6 498 |

4. 简单线性回归分析

由于本书的研究目的主要是考察利润与营业收入之间的关系，因而在对其他变量进行控制之后，只对利润与营业收入做简单线性回归分析（见表 3—8）。

表 3—8 lnMAININ 与 lnPROFIT 回归分析结果

| 因变量 | 自变量 | 系数 | $t$ | $P$ | $F$ | $R^2$ |
|---|---|---|---|---|---|---|
| lnPROFIT | lnMAININ | $\alpha_1$：−4.587 | −19.362 | 0.000 | 2 353.866 | 0.297 |
| | | $\beta_1$：0.545 | 48.517 | 0.000 | | |
| 有效样本数 | 6 498 | | | | | |

通过上述回归方差分析（$F$ 检验）可知，$F$ 值为 2 353.866，且 $P<0.05$，因此回归方程有意义。上述数据表明，在其他条件相同的情况下，企业利润与企业营业收入正相关，并具有线性关系，简单线性模型如下：

$$\ln PROFIT=-4.587+0.545\ln MAININ+\varepsilon$$

以上线性模型与图 3—3 说明，世界 500 强企业整体上营业收入与利润具有明显正相关关系，假设 3 成立。为了验证以上假设结果的普遍意义，本研究对世界 500 强企业按年度、行业、地区、规模等变量进行分类后，对企业各项财务指标的相关性做了进一步分析。

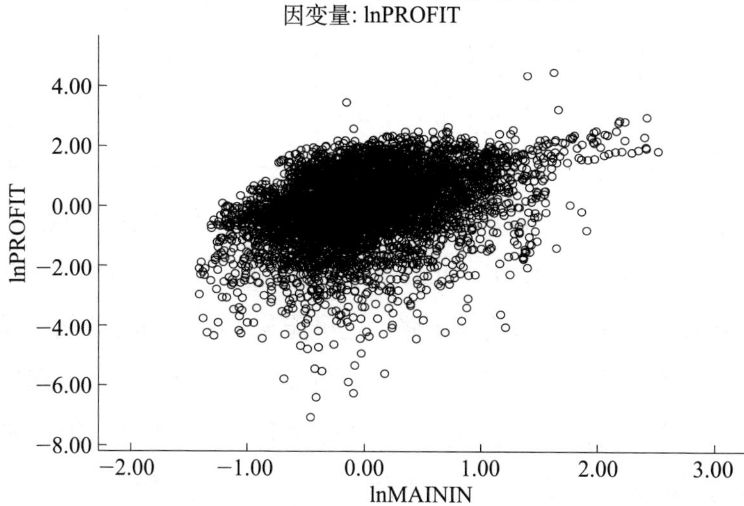


图 3—3　企业营业收入与利润的回归图

### 3.4.2　年度样本分析

由表 3—9 可知，从 1997—2009 年各年看，企业平均规模、平均利润、平均股东权益、平均雇员均有逐年上升趋势。

表 3—9　　1997—2009 年世界 500 强企业按年份变量描述统计

| 年份 | lnMAININ | | | lnASSET | | lnPROFIT | | ln 股东权益 | | ln 雇员 | |
|---|---|---|---|---|---|---|---|---|---|---|---|
| | 计数 | 均值 | 标准差 | 均值 | 标准差 | 均值 | 标准差 | 均值 | 标准差 | 均值 | 标准差 |
| 1997 | 500 | 9.83 | 0.611 | 10.28 | 1.27 | 6.28 | 1.32 | 8.46 | 1.06 | 10.71 | 1.05 |
| 1998 | 500 | 9.82 | 0.576 | 10.37 | 1.312 | 6.34 | 1.31 | — | — | 10.76 | 1.07 |
| 1999 | 500 | 9.92 | 0.58 | 10.51 | 1.33 | 6.47 | 1.31 | 8.72 | 1.05 | 10.84 | 1.09 |
| 2000 | 500 | 10.01 | 0.61 | 10.51 | 1.32 | 6.62 | 1.33 | 8.78 | 1.06 | 10.91 | 1.11 |
| 2001 | 500 | 10.08 | 0.63 | 10.53 | 1.34 | 6.37 | 1.523 | 8.77 | 1.12 | 10.85 | 1.23 |
| 2002 | 500 | 9.994 | 0.627 | 10.59 | 1.38 | 6.46 | 1.47 | 8.82 | 1.08 | 10.94 | 1.09 |
| 2003 | 500 | 10.05 | 0.62 | 10.68 | 1.37 | 6.76 | 1.32 | 9.09 | 1.17 | 10.97 | 1.05 |
| 2004 | 500 | 10.17 | 0.614 | 10.74 | 1.37 | 7.07 | 1.17 | 9.12 | 1.08 | 10.93 | 1.06 |
| 2005 | 500 | 10.29 | 0.64 | 10.82 | 1.47 | 7.29 | 1.25 | 9.22 | 1.08 | 10.96 | 1.22 |
| 2006 | 500 | 10.38 | 0.67 | 10.95 | 1.39 | 7.52 | 1.16 | 9.37 | 1.05 | 11.07 | 1.10 |

续前表

| 年份 | lnMAININ | | | lnASSET | | lnPROFIT | | ln 股东权益 | | ln 雇员 | |
|---|---|---|---|---|---|---|---|---|---|---|---|
| | 计数 | 均值 | 标准差 | 均值 | 标准差 | 均值 | 标准差 | 均值 | 标准差 | 均值 | 标准差 |
| 2007 | 500 | 10.59 | 0.639 | 11.15 | 1.39 | 7.63 | 1.15 | 9.53 | 1.02 | 11.05 | 1.08 |
| 2008 | 500 | 10.58 | 0.62 | 11.02 | 1.36 | 7.29 | 1.41 | 9.37 | 1.12 | 10.95 | 1.29 |
| 2009 | 498 | 10.51 | 0.61 | 11.12 | 1.36 | 7.13 | 1.41 | 9.49 | 1.11 | 11.09 | 1.17 |

由表 3—10 可知，各年度间企业营业收入与利润相关系数并不相同，其中 1997 年、2001 年、2002 年、2008 年、2009 年这 5 年的相关性变化明显，较相邻年度有所下降。这可能与 1997 年的亚洲金融危机、2001 年美国的网络泡沫危机、2008 年的全球金融危机有关。金融危机发生之后，在营业收入一定的情况下，企业盈利能力会变弱，因而使得营业收入与利润的相关系数会有所下降。而在宏观经济形势较好时，在营业收入一定的情况下，企业的盈利能力也会有所增强，因而相关性较大。

**表 3—10　　1997—2009 年世界 500 强企业各年营业收入与利润相关系数**

| 年份 | 1997 | 1998 | 1999 | 2000 | 2001 | 2002 | 2003 | 2004 | 2005 | 2006 | 2007 | 2008 | 2009 |
|---|---|---|---|---|---|---|---|---|---|---|---|---|---|
| 相关系数 | 0.326 | 0.442 | 0.420 | 0.532 | 0.448 | 0.439 | 0.521 | 0.577 | 0.542 | 0.587 | 0.592 | 0.500 | 0.478 |

### 3.4.3　地区样本分析

由表 3—11 可知，在 1997—2009 年间，总共有 37 个国家和地区累计 6 498 个企业登上世界 500 强榜单。从企业累计数量来进行排名，前六名分别是美国、日本、法国、德国、英国、中国，排名基本上与一国的真实实力相当。

**表 3—11　　1997—2009 年世界 500 强企业按地区变量描述统计**

| 国家/地区 | lnMAININ | | | lnASSET | | lnPROFIT | | ln 股东权益 | | ln 雇员 | |
|---|---|---|---|---|---|---|---|---|---|---|---|
| | 计数 | 均值 | 标准差 | 均值 | 标准差 | 均值 | 标准差 | 均值 | 标准差 | 均值 | 标准差 |
| 美国 | 2 239 | 10.163 | 0.681 | 10.434 | 1.332 | 7.151 | 1.274 | 9.055 | 1.129 | 10.937 | 1.117 |
| 日本 | 1 104 | 10.084 | 0.658 | 10.598 | 1.209 | 6.033 | 1.336 | 8.779 | 1.117 | 10.518 | 0.989 |

续前表

| 国家/地区 | lnMAININ | | | lnASSET | | lnPROFIT | | ln 股东权益 | | ln 雇员 | |
|---|---|---|---|---|---|---|---|---|---|---|---|
| | 计数 | 均值 | 标准差 | 均值 | 标准差 | 均值 | 标准差 | 均值 | 标准差 | 均值 | 标准差 |
| 法国 | 500 | 10.260 | 0.667 | 11.012 | 1.298 | 6.784 | 1.275 | 9.112 | 1.080 | 11.389 | 0.972 |
| 德国 | 478 | 10.361 | 0.718 | 11.130 | 1.511 | 6.536 | 1.383 | 9.084 | 1.087 | 11.133 | 1.231 |
| 英国 | 458 | 10.173 | 0.716 | 10.993 | 1.594 | 7.279 | 1.369 | 9.240 | 1.131 | 11.070 | 0.832 |
| 中国大陆 | 243 | 10.203 | 0.629 | 11.004 | 1.481 | 6.621 | 1.529 | 9.337 | 1.350 | 12.003 | 1.250 |
| 加拿大 | 173 | 9.710 | 0.355 | 10.991 | 1.290 | 6.729 | 1.173 | 8.868 | 0.921 | 10.571 | 0.935 |
| 瑞士 | 160 | 10.296 | 0.636 | 11.222 | 1.457 | 7.437 | 1.329 | 9.484 | 0.931 | 10.871 | 1.160 |
| 韩国 | 158 | 10.133 | 0.576 | 10.186 | 1.227 | 6.265 | 1.666 | 8.551 | 1.410 | 9.816 | 1.326 |
| 荷兰 | 150 | 10.404 | 0.826 | 11.074 | 1.720 | 7.195 | 1.540 | 9.105 | 1.421 | 10.919 | 1.468 |
| 意大利 | 127 | 10.361 | 0.714 | 11.686 | 1.066 | 7.411 | 1.153 | 9.536 | 0.943 | 11.095 | 0.758 |
| 西班牙 | 96 | 10.165 | 0.554 | 11.241 | 1.306 | 7.582 | 0.853 | 9.408 | 0.909 | 10.909 | 0.952 |
| 澳大利亚 | 96 | 9.839 | 0.391 | 10.597 | 1.609 | 7.146 | 1.146 | 8.968 | 1.079 | 10.842 | 0.773 |
| 瑞典 | 70 | 9.842 | 0.328 | 10.494 | 1.233 | 6.773 | 1.312 | 8.883 | 0.819 | 10.809 | 0.636 |
| 比利时 | 59 | 10.236 | 0.691 | 11.589 | 1.730 | 6.949 | 1.053 | 9.124 | 0.825 | 10.883 | 0.863 |
| 巴西 | 57 | 10.117 | 0.615 | 11.267 | 0.854 | 7.522 | 1.224 | 9.257 | 1.022 | 11.080 | 0.388 |
| 印度 | 49 | 10.042 | 0.408 | 9.855 | 1.003 | 6.829 | 1.061 | 8.643 | 0.942 | 10.317 | 0.870 |
| 俄罗斯 | 44 | 10.254 | 0.649 | 10.907 | 1.056 | 8.443 | 0.858 | 10.23 | 0.972 | 11.850 | 1.386 |
| 中国台湾 | 37 | 9.932 | 0.458 | 9.922 | 0.756 | 6.422 | 0.763 | 8.477 | 0.604 | 10.546 | 1.319 |
| 墨西哥 | 34 | 10.164 | 0.635 | 10.696 | 0.555 | 7.209 | 1.070 | 9.074 | 1.054 | 11.328 | 0.417 |
| 芬兰 | 32 | 9.858 | 0.625 | 9.880 | 0.530 | 7.153 | 1.118 | 9.150 | 0.555 | 10.525 | 0.773 |
| 挪威 | 25 | 10.219 | 0.661 | 10.277 | 0.602 | 7.394 | 1.162 | 9.374 | 0.566 | 10.270 | 0.369 |
| 丹麦 | 15 | 10.241 | 0.540 | 11.954 | 1.173 | 7.459 | 0.898 | 9.755 | 0.410 | 10.445 | 1.074 |
| 马来西亚 | 13 | 10.250 | 0.705 | 10.887 | 0.591 | 8.755 | 0.763 | 10.2 | 0.711 | 10.239 | 0.310 |
| 卢森堡 | 12 | 10.223 | 0.934 | 10.424 | 0.973 | 6.636 | 2.065 | 9.268 | 1.372 | 11.499 | 0.807 |
| 新加坡 | 12 | 9.802 | 0.318 | 9.384 | 0.371 | 5.805 | 1.700 | 8.587 | 0.471 | 11.452 | 0.315 |
| 爱尔兰 | 9 | 9.888 | 0.314 | 10.566 | 1.154 | 7.237 | 0.438 | 9.129 | 0.269 | 11.143 | 1.106 |
| 奥地利 | 9 | 10.022 | 0.244 | 10.899 | 1.280 | 7.094 | 0.698 | 9.207 | 0.411 | 10.774 | 0.231 |
| 委内瑞拉 | 9 | 10.878 | 0.531 | 11.111 | 0.411 | 8.110 | 0.765 | 10.66 | 0.259 | 10.843 | 0.316 |
| 泰国 | 7 | 10.297 | 0.615 | 9.846 | 0.504 | 7.517 | 0.403 | 8.871 | 0.580 | 8.953 | 0.386 |
| 土耳其 | 6 | 10.241 | 0.425 | 10.426 | 0.474 | 6.597 | 0.714 | 8.480 | 0.386 | 11.007 | 0.314 |
| 沙特阿拉伯 | 6 | 10.176 | 0.298 | 10.871 | 0.376 | 8.455 | 0.386 | 9.950 | 0.298 | 10.071 | 0.348 |
| 波兰 | 4 | 9.978 | 0.305 | 9.604 | 0.183 | 6.334 | 0.255 | 8.695 | 0.139 | 10.053 | 0.025 |
| 葡萄牙 | 3 | 9.897 | 0.126 | 9.659 | 1.000 | 6.496 | 1.190 | 8.425 | 0.578 | 9.014 | 0.376 |
| 南非 | 2 | 9.468 | 0.167 | 11.079 | 0.076 | 7.055 | 0.584 | 8.607 | 0.017 | 10.562 | 0.100 |
| 匈牙利 | 1 | 9.935 | — | 9.632 | — | 6.711 | — | 8.669 | — | 9.753 | — |
| 以色列 | 1 | 9.894 | — | 9.596 | — | 5.768 | — | 7.394 | — | 9.830 | — |

表 3—12 剔除了样本数小于 30 的国家样本。各国营业收入和利润相关系数与一国的发展阶段和行业特点紧密相关。其中相关系数在 0.7 以上的国家有巴西、俄罗斯、西班牙、荷兰 4 个国家。这些国家进入世界 500 强企业的数量较少且所属行业单一，多属能源等规模性较强的行业。而一些发达国家，企业数量较多且行业分散，整体相关性较小。美国、日本、法国、德国、英国这 5 个国家，由于入选世界 500 强企业数量较多，且行业分布较广，企业营业收入与利润相关系数可以较真实地反映整个国家经济情况。其中日本的相关系数为 0.514，在这些国家中最低，这与近年来日本经济发展放缓、整个国家宏观经济形势较差有关。

**表 3—12　1997—2009 年各国/地区世界 500 强企业营业收入与利润相关系数**

| 国家/地区 | 巴西 | 俄罗斯 | 西班牙 | 芬兰 | 德国 | 荷兰 | 法国 |
|---|---|---|---|---|---|---|---|
| 相关系数 | 0.791 | 0.790 | 0.772 | 0.728 | 0.681 | 0.653 | 0.648 |
| 企业数量 | 57 | 43 | 96 | 31 | 453 | 140 | 487 |
| 国家/地区 | 比利时 | 英国 | 意大利 | 美国 | 中国台湾 | 中国大陆 | 日本 |
| 相关系数 | 0.635 | 0.620 | 0.612 | 0.584 | 0.555 | 0.554 | 0.514 |
| 企业数量 | 59 | 434 | 123 | 2 142 | 36 | 237 | 1 026 |
| 国家/地区 | 瑞士 | 澳大利亚 | 墨西哥 | 韩国 | 瑞典 | 加拿大 | 印度 |
| 相关系数 | 0.473 | 0.460 | 0.449 | 0.325 | 0.325 | 0.325 | 0.304 |
| 企业数量 | 153 | 96 | 33 | 147 | 67 | 164 | 48 |

注：因每个表格所要表达的变量关系不一样，本表剔除了个别变量缺失的数据。

### 3.4.4　行业样本分析

按行业划分，13 年间共有 42 个行业、累计 6 498 家公司榜上有名。由于个别变量数据缺失，因而表 3—13 中只列出了 6 333 个有效样本。排名前六个行业分别是：银行：商业与储蓄，能源，饮食服务，电子、电气设备，人寿与健康保险，车辆与零部件。从世界 500 强企业的行业分布特点可以看出，因行业自身的规模特性、垄断程度不同，企业的经济规模边界也不同。

**表 3—13　　　　1997—2009 年世界 500 强企业按行业变量描述统计**

| 行业 | lnMAININ | | | lnASSET | | lnPROFIT | | ln 雇员 | |
|---|---|---|---|---|---|---|---|---|---|
| | 计数 | 均值 | 标准差 | 均值 | 标准差 | 均值 | 标准差 | 均值 | 标准差 |
| 银行：商业与储蓄 | 783 | 10.209 | 0.644 | 12.862 | 1.011 | 7.514 | 1.179 | 10.867 | 1.032 |
| 能源 | 626 | 10.451 | 0.855 | 10.456 | 1.035 | 7.274 | 1.715 | 10.34 | 1.458 |
| 饮食服务 | 495 | 10.142 | 0.601 | 9.682 | 0.808 | 6.518 | 1.208 | 11.588 | 0.793 |
| 电子、电气设备 | 444 | 10.276 | 0.652 | 10.224 | 0.793 | 6.861 | 1.387 | 11.567 | 0.751 |
| 人寿与健康保险 | 402 | 10.253 | 0.669 | 12.014 | 0.895 | 6.671 | 1.141 | 10.09 | 0.989 |
| 车辆与零部件 | 400 | 10.443 | 0.84 | 10.454 | 1.1 | 6.72 | 1.271 | 11.557 | 0.791 |
| 制药 | 300 | 10.048 | 0.494 | 10.341 | 0.667 | 7.669 | 1.15 | 10.943 | 0.571 |
| 电信 | 288 | 10.282 | 0.631 | 10.974 | 0.844 | 7.708 | 1.051 | 11.383 | 0.89 |
| 公共设施 | 255 | 10.03 | 0.582 | 10.843 | 0.675 | 7.007 | 0.82 | 10.581 | 1.054 |
| 航空与航天 | 230 | 9.947 | 0.48 | 10.137 | 0.515 | 6.599 | 1.137 | 11.311 | 0.591 |
| 财产与意外保险 | 208 | 10.218 | 0.681 | 11.699 | 0.952 | 7.066 | 1.284 | 10.47 | 0.807 |
| 贸易 | 167 | 10.308 | 0.709 | 9.762 | 1.224 | 5.499 | 1.536 | 9.745 | 1.166 |
| 工程与建造 | 166 | 9.848 | 0.394 | 9.937 | 0.691 | 5.917 | 1.27 | 10.885 | 1.124 |
| 专业零售 | 149 | 9.908 | 0.572 | 9.295 | 0.787 | 6.399 | 1.058 | 11.19 | 1.005 |
| 金属 | 147 | 9.876 | 0.47 | 10.038 | 0.702 | 6.409 | 1.43 | 10.919 | 0.653 |
| 综合商业 | 142 | 10.265 | 0.87 | 9.937 | 0.763 | 6.364 | 1.617 | 11.831 | 1.219 |
| 批发 | 119 | 10.181 | 0.65 | 9.09 | 0.699 | 5.685 | 1.17 | 10.2 | 1.111 |
| 保健 | 112 | 9.973 | 0.529 | 9.79 | 1.001 | 6.517 | 1.034 | 10.26 | 1.01 |
| 邮箱、包裹与货运 | 108 | 10.171 | 0.605 | 10.469 | 1.171 | 6.469 | 1.209 | 12.276 | 0.843 |
| 工农业设备 | 76 | 10.061 | 0.429 | 10.289 | 0.447 | 6.591 | 1.015 | 11.25 | 0.636 |
| 其他 | 69 | 9.721 | 0.334 | 9.722 | 0.584 | 6.285 | 1.423 | 10.774 | 0.848 |
| 铁路运输 | 68 | 9.761 | 0.452 | 10.656 | 0.413 | 6.09 | 1.373 | 11.321 | 0.83 |
| 娱乐 | 66 | 9.966 | 0.446 | 10.595 | 0.715 | 6.988 | 1.06 | 11.163 | 0.487 |
| 多元化金融 | 65 | 10.408 | 0.78 | 12.292 | 1.292 | 8.165 | 0.865 | 10.289 | 1.64 |
| 证券 | 51 | 10.402 | 0.506 | 12.976 | 0.554 | 7.925 | 0.697 | 10.285 | 0.657 |
| 网络通信 | 49 | 10.237 | 0.443 | 10.299 | 0.446 | 7.913 | 0.738 | 11.127 | 0.501 |
| 林产品与纸制品 | 48 | 9.705 | 0.342 | 9.971 | 0.327 | 5.915 | 0.902 | 10.773 | 0.447 |
| 家居个人用品 | 42 | 10.001 | 0.62 | 10.116 | 0.731 | 7.72 | 0.816 | 11.156 | 0.361 |
| 建材与玻璃 | 41 | 10.024 | 0.45 | 10.381 | 0.404 | 7.086 | 0.588 | 11.439 | 0.69 |
| 烟草 | 41 | 10.186 | 0.544 | 10.539 | 0.577 | 7.739 | 1.13 | 11.072 | 0.622 |

续前表

| 行业 | lnMAININ | | | lnASSET | | lnPROFIT | | ln 雇员 | |
|---|---|---|---|---|---|---|---|---|---|
| | 计数 | 均值 | 标准差 | 均值 | 标准差 | 均值 | 标准差 | 均值 | 标准差 |
| 电子、办公设备 | 28 | 9.953 | 0.331 | 8.621 | 0.277 | 4.869 | 0.934 | 9.401 | 0.467 |
| 出版、印刷 | 27 | 9.414 | 0.174 | 9.555 | 0.291 | 5.757 | 0.438 | 10.54 | 0.187 |
| 多元化外包服务 | 24 | 9.694 | 0.331 | 8.869 | 0.708 | 5.545 | 1.092 | 9.685 | 1.765 |
| 科研、摄影、控制设备 | 22 | 9.646 | 0.229 | 9.767 | 0.275 | 6.319 | 1.388 | 10.971 | 0.62 |
| 航运业 | 21 | 10.027 | 0.518 | 10.158 | 0.566 | 7.047 | 1.077 | 10.702 | 0.77 |
| 服装 | 16 | 9.657 | 0.331 | 9.972 | 0.79 | 6.613 | 0.717 | 10.734 | 0.455 |
| 电器 | 13 | 10.472 | 0.104 | 10.556 | 0.191 | 8.026 | 0.923 | 12.036 | 0.272 |
| 汽车零售和服务 | 8 | 9.601 | 0.339 | 9.41 | 0.566 | 6.31 | 1.23 | 11.816 | 0.976 |
| 食品店和杂货店 | 7 | 10.105 | 0.357 | 10.376 | 0.691 | 6.447 | 1.127 | 11.522 | 0.588 |
| 计算机软件 | 4 | 9.791 | 0.351 | 10.322 | 0.692 | 8.364 | 0.365 | 11.139 | 0.329 |
| 网络服务和零售 | 4 | 10.007 | 0.109 | 9.884 | 0.734 | 7.601 | 1.136 | 9.926 | 0.013 |
| 雇佣帮助 | 2 | 9.843 | 0.124 | 9.208 | 0.104 | 3.925 | 0.89 | 10.248 | 0 |

注：有效样本数为 6 333 个。

表 3—14 中营业收入与利润相关系数在 0.6 以上的行业，多属规模经济性较强或具有垄断特性的行业，如烟草、能源、银行、航运业、专业零售等行业；而有些行业相关性较低，如公共设施、铁路运输等行业。这也从一个侧面说明，随着技术进步和需求变化，以往有些自然垄断行业的垄断性质已经发生改变，其经济规模边界在不断降低，具有了竞争性；还有极少数行业营业收入与利润无显著相关性，如科研、摄影、控制设备和电子、办公设备以及林产品与纸制品 3 个行业，在这 3 个行业中，营业规模不是企业盈利的主要因素，规模经济效应不显著。

**表 3—14　　1997—2009 年各行业世界 500 强企业的营业收入与利润相关系数**

| 行业 | 家居用品 | 多元化金融 | 烟草 | 航运业 | 车辆与零部件 | 娱乐 |
|---|---|---|---|---|---|---|
| 相关系数 | 0.945 | 0.921 | 0.808 | 0.802 | 0.723 | 0.708 |
| 行业 | 保健 | 财产与意外保险 | 综合商业 | 能源 | 证券 | 银行 |
| 相关系数 | 0.682 | 0.678 | 0.667 | 0.670 | 0.658 | 0.626 |

| 行业 | 专业零售 | 批发 | 人寿与健康保险 | 邮箱、包裹与货运 | 工程与建造 | 制药 |
|---|---|---|---|---|---|---|
| 相关系数 | 0.698 | 0.613 | 0.613 | 0.596 | 0.613 | 0.554 |
| 行业 | 电信 | 多元化外包服务 | 金属 | 饮食服务 | 出版、印刷 | 电子、电气设备 |
| 相关系数 | 0.502 | 0.492 | 0.481 | 0.458 | 0.448 | 0.434 |
| 行业 | 其他 | 工农业设备 | 公共设施 | 铁路运输 | 网络通信 | 建材与玻璃 |
| 相关系数 | 0.425 | 0.424 | 0.377 | 0.344 | 0.344 | 0.318 |
| 行业 | 贸易 | 科研、摄影、控制设备 | | 电子、办公设备 | 林产品与纸制品 | |
| 相关系数 | 0.234 | 不显著 | | 不显著 | 不显著 | |

### 3.4.5　规模样本分析

表 3—15 把世界 500 强企业按营业收入划分为 6 个规模层次，其中处于 100 亿～200 亿美元规模的企业数量最多，为 2 565 家。其次是200 亿～300 亿美元的企业为 1 595 家、300 亿～500 亿美元的企业为 1 155 家、500 亿～1 000 亿美元的企业为 777 家，1 000 亿美元以上的企业为 295 家，最少的是 100 亿美元以下的企业，为 111 家。

**表 3—15　　1997—2009 年世界 500 强企业按规模变量描述统计**

| 营业规模（亿美元） | lnMAININ | | | lnPROFIT | | lnASSET | | ln 股东权益 | | ln 雇员 | |
|---|---|---|---|---|---|---|---|---|---|---|---|
| | 计数 | 均值 | 标准差 | 均值 | 标准差 | 均值 | 标准差 | 均值 | 标准差 | 均值 | 标准差 |
| 1 000 以上 | 295 | 11.903 | 0.339 | 8.676 | 1.162 | 12.526 | 1.161 | 10.734 | 0.909 | 12.045 | 1.044 |
| 500～1 000 | 777 | 11.112 | 0.195 | 7.890 | 1.121 | 11.743 | 1.211 | 9.972 | 0.870 | 11.609 | 1.013 |
| 300～500 | 1 155 | 10.535 | 0.146 | 7.380 | 1.123 | 11.160 | 1.256 | 9.489 | 0.865 | 11.224 | 1.047 |
| 200～300 | 1 595 | 10.094 | 0.115 | 6.865 | 1.203 | 10.684 | 1.202 | 9.023 | 0.904 | 10.871 | 1.025 |
| 100～200 | 2 565 | 9.592 | 0.194 | 6.189 | 1.215 | 10.063 | 1.153 | 8.398 | 0.940 | 10.518 | 1.023 |
| 100 以下 | 111 | 9.156 | 0.036 | 5.607 | 1.108 | 9.668 | 1.178 | 7.774 | 0.994 | 9.949 | 1.009 |

从表 3—16 来看，1 000 亿美元以上营业规模的企业，营业收入与利润相关系数最高，为 0.430。这一规模的企业主要分布在能源、银行、车辆与零部件等行业。总体来说，规模较大的企业，营业收入与利

润的相关系数较大，这可能是规模经济在发挥作用。但营业规模在100 亿～200亿美元间的企业，相关系数反而比 300 亿～1 000 亿美元间的企业的相关系数大。这也说明，不同时期、不同行业、不同地区、不同规模的企业，有相对匹配的企业规模，适合的就是最好的，否则过犹不及。

**表 3—16　1997—2009 年不同规模世界 500 强企业营业收入与利润相关系数**

| 营业收入规模（亿美元） | 1 000 以上 | 500～1 000 | 300～500 | 200～300 | 100～200 | 100 以下 |
|---|---|---|---|---|---|---|
| 相关系数 | 0.430 | 0.126 | 0.125 | 0.069 | 0.230 | 不显著 |
| 企业数量 | 295 | 777 | 1 155 | 1 595 | 2 565 | 111 |

由以上分析可以得出：无论是从整体样本来看，还是按年度、行业、国家、规模等来划分样本，企业营业收入与利润存在明显正相关性的假设都成立。假设 1 和假设 3 成立，说明企业家规模偏好对其个人效用及股东效用、利益相关者效用都有积极作用，有其合理之处。但以上假设分析使用的是企业的绝对财务指标，只是对代理人规模偏好结果的效用进行实证分析，而并没有对代理人规模偏好的过程进行实证分析。本研究更主要的目的是：研究代理人在众多的财务指标中更偏好哪一项指标。相对于股东的目标，代理人更偏好规模的增长，而股东追求利润的增长，所以我们选取营业收入增长率与利润增长率分别作为代理人追求的目标和股东追求的目标。增长率指标具有动态性，是相对值指标，能够反映一种趋势，更具有可比性，可以用于分析代理人在企业发展过程中的偏好和追求目标。

## 3.5　假设 4 的实证分析结果

假设 4 主要考察代理人规模偏好的程度，也就是代理人更追求规模成长还是股东财富成长。规模成长的最好指标可以用营业收入增长率来代表，而股东财富增长的指标可以用利润增长率来表示。上面的分析验证了企业规模与利润具有正相关性，也就是企业的营业收入与利润绝对值具有正相关性。营业收入与利润是两个相对静止的指标，是对结果合理性的一种解释，而这一解释并不能说明代理人规模偏好的程度。因为代理人的规模偏好是一种动态过程，是一种趋势，因而也必须要用具有动态性的、趋势性的相对财务指标来表示和验证。而营业收入增长率、利润增长率这两个相对财务指标则分别能够从代理人规模偏好角度和委托人追求利润最大化角度来对假设 4 给予验证。营业收入增长率与利润增长率是反映企业成长的指标，分别反映企业的规模成长与股东财富的增长，是动态的财务指标。通过对这两项指标的统计分析，可以得出代理人更偏好哪一项指标。如果代理人追求营业收入增长率的统计量大于利润增长率的统计量，则能够在一定程度上验证假设 4 的正确性。

### 3.5.1　整体样本分析

因每年世界 500 强企业都有所不同，有些企业多年持续入围，而有些企业只是偶然一次入围，因而其成长性财务指标缺失。而对于 1997 年的成长性数据缺失较多，只能获取 24 个数据，同时剔除异常指标，最终得到 1997—2009 年总有效样本 5 373 个。

由表 3—17 可知，从总体样本描述来看，各企业利润增长率波动大于营业收入增长率波动，其中最高企业利润增长率高达 494%，而最低利润增长率却为－497%。而平均营业收入增长率为 7.39%，利润平均增长率却为－1.06%。

表 3—17　　总体样本描述性统计*

| | N | 极小值（%） | 极大值（%） | 均值（%） | 标准差（%） | 偏度（%） | 峰度（%） |
|---|---|---|---|---|---|---|---|
| 营业收入增长率 | 5 373 | −99 | 99 | 7.39 | 19.121 | 0.076 | 4.313 |
| 利润增长率 | 5 373 | −497 | 494 | −1.06 | 110.513 | −0.111 | 4.622 |
| 有效的 N（列表状态） | 5 373 | | | | | | |

* 在假设 4 的所有样本检验中，主要针对营业收入增长率与利润增长率的关系进行分析，所有样本都是带有百分号（%）的相对值，下同。

总体上进行相关性分析得出，营业收入增长率与利润增长率成负相关关系，相关系数为−0.037，也就是营业收入增长率每增长一个百分点，就会引起利润增长率下降 0.037 个百分点。在一般情况下，随着企业营业收入的增加，会引起利润更大幅度的增加，这是财务上著名的营业杠杆作用。[①] 而营业杠杆作用在此并不成立。营业杠杆原理是指企业在经营活动中对营业成本中固定成本的利用，是指在企业生产经营中由于存在固定成本而使利润变动率大于营业收入变动率的规律。根据成本特性，在一定产销量范围内，产销量的增加一般不会影响固定成本总额，但会使单位产品固定成本降低，从而提高单位产品利润，并使利润增长率大于销量增长率；反之，销量减少，会使单位产品固定成本升高，从而降低单位产品利润，并使利润下降率大于销量的下降率。所以，产品只有在没有固定成本的条件下，才能使利润变动率与销量变动率同步增减，但这种情况在现实中是不存在的。

① 营业杠杆又称经营杠杆，是指企业在经营活动中对营业成本中固定成本的利用，包括：销售成本、价内销售税金、销售费用、管理费用等。按与营业总额的依存关系，营业成本可分为变动成本与固定成本两部分。企业可以通过扩大营业总额而降低单位营业额的固定成本，从而增加企业的营业利润，如此就形成了企业的营业杠杆，即营业收入小幅度的增长会引起利润更大幅度的增长，反之，则会引起利润更大幅度的下降。

**表 3—18　　营业收入增长率与利润增长率的相关性**

| | | 营业收入增长率 | 利润增长率 |
|---|---|---|---|
| 营业收入增长率 | Pearson 相关性 | 1 | −0.037* |
| | 显著性（双侧） | | 0.007 |
| | *N* | 5 373 | 5 373 |
| 利润增长率 | Pearson 相关性 | −0.037* | 1 |
| | 显著性（双侧） | 0.007 | |
| | *N* | 5 373 | 5 373 |

* 表示在 0.01 水平（双侧）上显著相关。

从理论上来说，由于营业杠杆作用，企业的营业收入增长率应该与利润增长率成正相关。然而本研究的总体样本研究结果却是：营业收入增长率与利润增长率成显著负相关，并没有体现营业杠杆作用。这一结果说明：企业为追求销售规模，一是不惜增加广告等各种变动成本投入，二是不断增加固定成本投入，这些投入不仅抵消了营业杠杆的作用，甚至由于企业间竞争的加剧而不惜代价地促销，结果导致营业收入虽然相对增加了，但利润却相对下降了。

考虑到年度、地区、行业、规模等相关因素对分析结果的影响，本研究对这些变量进行控制，进一步对企业营业收入增长率与利润增长率的相关性进行分析。

3.5.1.1　年度样本分析

剔除缺失数据后，各年度数据如表 3—19 所示。从平均营业收入增长率来看，除了 1997 年、2009 年两年为负值外，其余年份都得到了正增长。尤其是 2007 年，平均增长率高达 16%。对比相邻年份指标，1997 年、2001 年、2008 年、2009 年营业收入增长率指标偏低，这与整个外部宏观经济形势有关。而且利润增长率在 1997 年、1998 年、2001 年、2002 年、2008 年、2009 年出现负增长。相关指标分析结果与前一节绝对指标分析结果接近。对各年度样本进行相关性分析后，发现1999年营业收入增长率与利润增长率成正相关，为0.109，2009年成负相关，为−0.530，其他年份都无显著相关性。

表3—19　　年度变量的描述统计

| 年份 | 计数 | 营业收入增长率（%） | | | | 利润增长率（%） | | | |
|---|---|---|---|---|---|---|---|---|---|
| | | 均值 | 极大值 | 极小值 | 标准差 | 均值 | 极大值 | 极小值 | 标准差 |
| 1997 | 24 | −27 | 53 | −90 | 40 | −8 | 406 | −176 | 120 |
| 1998 | 420 | 6 | 82 | −99 | 18 | −10 | 494 | −467 | 97 |
| 1999 | 432 | 14 | 83 | −71 | 17 | 13 | 429 | −460 | 119 |
| 2000 | 450 | 12 | 95 | −62 | 20 | 10 | 491 | −452 | 126 |
| 2001 | 442 | 4 | 75 | −64 | 16 | −41 | 380 | −492 | 108 |
| 2002 | 458 | 5 | 80 | −90 | 16 | −6 | 443 | −424 | 123 |
| 2003 | 464 | 10 | 81 | −89 | 19 | 3 | 484 | −497 | 124 |
| 2004 | 461 | 15 | 82 | −33 | 14 | 29 | 459 | −430 | 101 |
| 2005 | 450 | 12 | 99 | −70 | 19 | 17 | 476 | −477 | 99 |
| 2006 | 445 | 13 | 94 | −40 | 15 | 21 | 472 | −465 | 88 |
| 2007 | 458 | 16 | 93 | −46 | 16 | 20 | 489 | −458 | 89 |
| 2008 | 450 | 11 | 88 | −80 | 20 | −43 | 439 | −477 | 102 |
| 2009 | 419 | −1 | 91 | −74 | 20 | −32 | 476 | −495 | 112 |

#### 3.5.1.2　地区样本分析

表3—20列出了35个国家和地区的5 373个企业样本数据。其中美国、日本两国的企业的营业收入增长率与利润增长率成负相关，相关系数分别为−0.166、−0.101。造成这一结果的原因可能在于：一是美国、日本两国入围世界500强的企业数量较多；二是日美两国入围世界500强的这些企业分属于不同行业，且竞争较为激烈；三是这些国家的企业为了不断扩张规模，不惜降低利润水平。相比较而言，巴西、俄罗斯、西班牙等国家入围世界500强的企业多属于能源等规模经济要求较高的行业，因而营业收入增长率与利润增长率的相关系数较高，分别为

0.574、0.624、0.284，同时这一结果也与这些国家行业的垄断程度有关。

**表 3—20　　地区样本描述统计**

| 国家/地区 | 计数 | 营业收入增长率（%） | | | | 利润增长率（%） | | | |
|---|---|---|---|---|---|---|---|---|---|
| | | 均值 | 极大值 | 极小值 | 标准差 | 均值 | 极大值 | 极小值 | 标准差 |
| 美国 | 1 884 | 11 | 95 | —89 | 19 | —19 | 484 | —477 | 104 |
| 日本 | 927 | 5 | 93 | —90 | 31 | —71 | 494 | —495 | 132 |
| 法国 | 424 | 9 | 99 | —74 | 23 | 50 | 491 | —463 | 112 |
| 德国 | 409 | 10 | 83 | —90 | 46 | —15 | 433 | —409 | 109 |
| 英国 | 361 | 9 | 92 | —64 | 26 | 3 | 478 | —412 | 101 |
| 中国大陆 | 173 | 18 | 57 | —89 | 57 | 69 | 489 | —324 | 106 |
| 加拿大 | 148 | 9 | 82 | —44 | 20 | 40 | 392 | —393 | 104 |
| 瑞士 | 136 | 5 | 71 | —99 | 22 | —37 | 428 | —448 | 112 |
| 韩国 | 129 | 8 | 82 | —66 | 23 | —28 | 365 | —452 | 114 |
| 荷兰 | 120 | 10 | 54 | —40 | 26 | —1 | 362 | —488 | 122 |
| 意大利 | 100 | 9 | 57 | —32 | 20 | —17 | 311 | —261 | 78 |
| 澳大利亚 | 81 | 10 | 68 | —35 | 19 | 26 | 160 | —418 | 79 |
| 西班牙 | 74 | 15 | 86 | —28 | 25 | 9 | 131 | —379 | 71 |
| 瑞典 | 59 | 6 | 42 | —44 | 18 | —20 | 259 | —497 | 106 |
| 比利时 | 45 | 18 | 56 | —41 | 44 | 9 | 395 | —261 | 99 |
| 巴西 | 44 | 16 | 73 | —55 | 28 | 34 | 450 | —64 | 83 |
| 印度 | 41 | 14 | 48 | —33 | 19 | 46 | 325 | —139 | 179 |
| 俄罗斯 | 31 | 20 | 65 | —33 | 28 | 19 | 264 | —202 | 83 |
| 芬兰 | 27 | 13 | 45 | —23 | 15 | 0 | 455 | —179 | 133 |
| 墨西哥 | 27 | 12 | 64 | —32 | 20 | 9 | 263 | —458 | 148 |
| 中国台湾 | 27 | 19 | 75 | —31 | 30 | —49 | 201 | —229 | 99 |
| 挪威 | 22 | 11 | 36 | —43 | 22 | 77 | 263 | —94 | 78 |
| 丹麦 | 13 | 17 | 73 | —22 | 22 | —2 | 62 | —139 | 57 |
| 马来西亚 | 11 | 20 | 61 | —19 | 26 | 21 | 108 | —52 | 46 |
| 卢森堡 | 10 | 27 | 78 | —48 | 56 | 0 | 431 | —99 | 194 |
| 新加坡 | 9 | 9 | 45 | —22 | 18 | 82 | 852 | —226 | 200 |
| 委内瑞拉 | 8 | 20 | 86 | —28 | 43 | 44 | 325 | —86 | 138 |

续前表

| 国家/地区 | 计数 | 营业收入增长率（%） | | | | 利润增长率（%） | | | |
|---|---|---|---|---|---|---|---|---|---|
| | | 均值 | 极大值 | 极小值 | 标准差 | 均值 | 极大值 | 极小值 | 标准差 |
| 爱尔兰 | 7 | 14 | 31 | −21 | 17 | 9 | 31 | −55 | 31 |
| 泰国 | 6 | 29 | 60 | −23 | 29 | 18 | 64 | −54 | 40 |
| 奥地利 | 5 | 10 | 36 | −33 | 26 | −11 | 25 | −60 | 33 |
| 沙特阿拉伯 | 5 | 11 | 46 | −32 | 28 | −1 | 34 | −59 | 39 |
| 土耳其 | 5 | 20 | 90 | −35 | 45 | 62 | 350 | −41 | 163 |
| 波兰 | 3 | 19 | 88 | −34 | 63 | −136 | −4 | −263 | 130 |
| 南非 | 1 | −21 | −21 | −21 | — | −56 | −56 | −56 | — |
| 葡萄牙 | 1 | 28 | 28 | 28 | — | −84 | −84 | −84 | — |

#### 3.5.1.3　行业样本分析

由表 3—21 的数据可计算出，车辆与零部件、家居个人用品、建材与玻璃、航运、服装、多元化外包服务、能源 7 个行业营业收入增长率与利润增长率成显著正相关，相关系数分别为 0.120、0.628、0.630、0.591、0.553、0.717、0.096。这 7 个行业规模经济效应显著，有效地利用了营业杠杆的作用，随着营业收入增长率的上升，利润增长率也会相应上升。而银行业营业收入增长率与利润增长率却存在显著的负相关，且相关系数为−0.439。

**表 3—21　　行业数据描述性统计**

| 行业 | 计数 | 营业收入增长率（%） | | | | 利润增长率　（%） | | | |
|---|---|---|---|---|---|---|---|---|---|
| | | 均值 | 极大值 | 极小值 | 标准差 | 均值 | 极大值 | 极小值 | 标准差 |
| 银行：商业与储蓄 | 646 | 14 | 99 | −80 | 22 | −29 | 494 | −475 | 104 |
| 能源 | 509 | 15 | 91 | −75 | 26 | 17 | 456 | −399 | 99 |
| 饮食服务 | 416 | 9 | 74 | −99 | 16 | 1 | 478 | −434 | 93 |
| 电子、电气设备 | 389 | 7 | 83 | −43 | 16 | −80 | 484 | −467 | 129 |
| 车辆与零部件 | 349 | 6 | 88 | −85 | 22 | 20 | 443 | −477 | 108 |
| 人寿与健康保险 | 342 | 12 | 90 | −44 | 14 | 30 | 431 | 476 | 109 |
| 制药 | 256 | 11 | 89 | −90 | 18 | −5 | 380 | −309 | 80 |
| 电信 | 238 | 10 | 95 | −89 | 19 | −14 | 367 | −488 | 126 |

续前表

| 行业 | 计数 | 营业收入增长率（%） | | | | 利润增长率（%） | | | |
|---|---|---|---|---|---|---|---|---|---|
| | | 均值 | 极大值 | 极小值 | 标准差 | 均值 | 极大值 | 极小值 | 标准差 |
| 公共设施 | 213 | 9 | 92 | −75 | 21 | −8 | 396 | −458 | 109 |
| 航空与航天 | 204 | 7 | 66 | −29 | 14 | −100 | 434 | −477 | 128 |
| 财产与意外保险 | 174 | 7 | 74 | −35 | 13 | −13 | 439 | −433 | 126 |
| 贸易 | 145 | 0 | 55 | −87 | 24 | −124 | 365 | −452 | 114 |
| 工程与建造 | 130 | 8 | 42 | −16 | 11 | −71 | 344 | −311 | 72 |
| 专业零售 | 129 | 9 | 42 | −16 | 17 | 19 | 491 | −497 | 151 |
| 综合商业 | 122 | 2 | 88 | −42 | 16 | −51 | 406 | −486 | 138 |
| 金属业 | 114 | 11 | 82 | −48 | 20 | 25 | 459 | −264 | 115 |
| 批发 | 102 | 14 | 88 | −81 | 19 | 47 | 367 | −373 | 79 |
| 保健 | 93 | 10 | 58 | −39 | 13 | −42 | 380 | −396 | 102 |
| 邮箱、包裹与货运 | 90 | 6 | 32 | −90 | 14 | 11 | 477 | −403 | 114 |
| 工农业设备 | 65 | 6 | 48 | −37 | 17 | 1 | 457 | −321 | 109 |
| 铁路运输 | 58 | 6 | 81 | −17 | 16 | 55 | 297 | −262 | 126 |
| 多元化金融 | 56 | 33 | 36 | −89 | 25 | 55 | 104 | −261 | 69 |
| 娱乐 | 56 | 7 | 61 | −39 | 15 | 16 | 141 | −424 | 144 |
| 其他 | 54 | 7 | 49 | −47 | 16 | 107 | 476 | −495 | 125 |
| 证券 | 44 | 10 | 94 | −56 | 16 | 20 | 476 | −252 | 121 |
| 林产品与纸制品 | 42 | 5 | 30 | −24 | 30 | −110 | 455 | −241 | 109 |
| 网络通信 | 42 | 6 | 56 | −46 | 13 | 195 | 391 | −399 | 150 |
| 家居个人用品 | 35 | 6 | 34 | −10 | 23 | 16 | 273 | −46 | 129 |
| 建材与玻璃 | 35 | 10 | 31 | −21 | 8 | 6 | 92 | −91 | 49 |
| 烟草 | 35 | 1 | 30 | −65 | 13 | −17 | 206 | −111 | 40 |
| 出版、印刷 | 24 | 5 | 29 | −14 | 19 | −4 | 109 | −237 | 52 |
| 电子、办公设备 | 24 | 5 | 47 | −22 | 11 | −229 | 80 | −465 | 78 |
| 多元化外包服务 | 19 | 9 | 28 | −30 | 17 | 4 | 119 | −190 | 126 |
| 航运 | 17 | 14 | 35 | −24 | 12 | −12 | 236 | −396 | 67 |
| 科研、摄影、控制设备 | 17 | 6 | 47 | −5 | 17 | 31 | 110 | −345 | 136 |
| 服装 | 14 | 12 | 44 | −6 | 12 | −1 | 203 | −298 | 102 |
| 电器 | 12 | −1 | 15 | −17 | 12 | 17 | 362 | −309 | 115 |
| 汽车零售和服务 | 7 | 12 | 57 | −5 | 10 | 105 | 349 | −84 | 195 |
| 计算机软件 | 3 | 32 | 66 | 4 | 22 | 32 | 67 | 1 | 171 |
| 网络服务和零售 | 2 | 19 | 28 | 9 | 32 | 47 | 54 | 40 | 33 |
| 雇佣帮助 | 1 | −16 | −16 | −16 | 13 | 257 | 257 | 257 | 10 |
| 食品店和杂货店 | 1 | 25 | 25 | 25 | — | 20 | 20 | 20 | — |

注：有效样本数为 5 324 个。

### 3.5.1.4　规模样本分析

由表 3—22 可计算出，营业收入规模在 1 000 亿美元以上的企业，营业收入增长率与利润增长率成负相关，相关系数为－0.418，而规模在 100 亿美元以下以及规模在 300 亿～500 亿美元之间的企业不具有显著相关性，规模为 100 亿～200 亿美元、200 亿～300 亿美元、500 亿～1 000 亿美元的企业，营业收入增长率与利润增长率有正相关性，相关系数分别为 0.066、0.086、0.007 7。

**表 3—22　　规模数据描述统计**

| 营业收入规模（亿美元） | 计数 | 营业收入增长率（%） | | | | 利润增长率（%） | | | |
|---|---|---|---|---|---|---|---|---|---|
| | | 均值 | 极大值 | 极小值 | 标准差 | 均值 | 极大值 | 极小值 | 标准差 |
| 100～200 | 1 932 | 4 | 83 | －99 | 18 | －19 | 494 | －497 | 120 |
| 200～300 | 1 367 | 9 | 93 | －90 | 19 | －16 | 489 | －495 | 92 |
| 300～500 | 1 039 | 13 | 90 | －90 | 11 | 1 | 478 | －467 | 73 |
| 500～1 000 | 719 | 15 | 99 | －67 | 20 | －13 | 476 | －477 | 104 |
| 1 000 以上 | 270 | 30 | 89 | －40 | 19 | －15 | 439 | －477 | 112 |
| 100 以下 | 46 | －7 | 7 | －39 | 20 | －22 | 166 | －208 | 102 |

以上对整体样本的分析，得出营业收入增长率与利润增长率成负相关关系的结论，表明企业规模的扩张伴随着股东相对财富的减少。而通过对年度、国家、行业、规模等变量进行具体分析后，发现企业营业收入增长率与利润增长率的相关性会因变量的不同而有所变化。这说明，企业的规模成长与股东财富成长不仅受代理人主观目标及企业实力影响，还会受到整个宏观经济环境、行业的竞争程度、国家的经济发展阶段等多种因素影响。

为了考察代理人对营业收入增长率和利润增长率这两个指标的追求程度，本研究需要对总体样本作进一步分析，以验证代理人规模偏好的程度。

### 3.5.2　营业收入增长率大于利润增长率的企业样本分析

在世界 500 强企业的 5 373 个统计数据中，其中有 2 832 家企业营业收入增长率大于利润增长率，占全部统计样本的 52.71%。也就是说，有一半以上的企业的营业收入增长率大于利润增长率，52.71%的代理人（企业家）更偏好追求企业的规模增长而不是股东（委托人）的利润增长。

由表 3—23 可知，在这 2 832 家营业收入增长率大于利润增长率的企业中，营业收入增长率的均值为 6.71%，而利润增长率均值则为 −64.61%。

**表 3—23　　2 832 家营业收入增长率大于利润增长率的企业样本描述统计**

| | $N$ | 极小值（%） | 极大值（%） | 均值（%） | 标准差（%） | 偏度（%） | 峰度（%） |
|---|---|---|---|---|---|---|---|
| 营业收入增长率 | 2 832 | −85 | 99 | 6.71 | 20.043 | 0.306 | 3.436 |
| 利润增长率 | 2 832 | −497 | 67 | −64.61 | 90.332 | −2.079 | 4.942 |
| 有效的 $N$（列表状态） | 2 832 | | | | | | |

由表 3—24 可知，在这 2 832 个企业样本中，营业收入增长率与利润增长率的相关系数为−0.066，与总体样本的相关系数−0.037 相比，负相关性进一步增强。也就是说，有 52.71%企业的营业收入增长率每增加 1 个百分点，其利润增长率就会下降 0.066 个百分点。

**表 3—24　　2 832 家企业营业收入增长率与利润增长率的相关性**

| | | 营业收入增长率 | 利润增长率 |
|---|---|---|---|
| 营业收入增长率 | Pearson 相关性 | 1 | −0.066 |
| | 显著性（双侧） | | 0.000 |
| | $N$ | 2 832 | 2 832 |

续前表

| | | 营业收入增长率 | 利润增长率 |
|---|---|---|---|
| 利润增长率 | Pearson 相关性 | −0.066 | 1 |
| | 显著性（双侧） | 0.000 | |
| | $N$ | 2 832 | 2 832 |

3.5.2.1 规模样本分析

在表 3—25 中，在六个不同的企业规模中，营业收入增长率大于利润增长率的企业都在 50%以上，说明在所有规模企业中，半数以上的代理人都存在规模偏好。然而，在相关性分析中，除了规模在 100 亿～200 亿美元间的企业营业收入增长率与利润增长率有一点正相关性（相关系数为 0.069）之外，其他规模的企业，营业收入增长率与利润增长率都不显著相关。而规模在 1 000 亿美元以上的企业，营业收入增长率与利润增长率却成显著负相关，负相关系数高达−0.430。

**表 3—25　　2 832 家企业各规模样本描述统计**

| 营业收入规模（亿美元） | 计数 | 占总体样本比重（%） | 营业收入增长率（%） | | | 利润增长率（%） | | |
|---|---|---|---|---|---|---|---|---|
| | | | 均值 | 极大值 | 极小值 | 均值 | 极大值 | 极小值 |
| 100～200 | 998 | 51.66 | 2.96 | 79 | −85 | −76.46 | 63 | −497 |
| 200～300 | 717 | 52.45 | 8.56 | 92 | −81 | −62.49 | 54 | −495 |
| 300～500 | 541 | 52.07 | 10.43 | 90 | −74 | −58.94 | 52 | −467 |
| 500～1 000 | 401 | 55.77 | 10.47 | 99 | −67 | −54.86 | 67 | −477 |
| 1 000 以上 | 149 | 55.19 | 10.26 | 89 | −40 | −53.73 | 62 | 477 |
| 100 以下 | 26 | 56.52 | −7.81 | 7 | −39 | −67.35 | 3 | −208 |

3.5.2.2 年度样本分析

从表 3—26 可以看出，1997 年、1998 年、2000 年、2001 年、2002 年、2007 年、2008 年、2009 年这 8 年，分别有 62.50%、56.90%、50.11%、70.59%、51.56%、50.03%、79.33%、61.58%的企业营业收入增长率大于利润增长率，均超过了半数以上。尤其是 1997 年、

2001 年、2008 年、2009 年这 4 年，营业收入增长率大于利润增长率的企业比重更高，这说明在宏观经济形势不好的情况下，企业的盈利能力也会总体下降。而通过对营业收入增长率与利润增长率的相关性分析，除 1999 年、2001 年、2009 年相关系数分别为 0.148、0.128、－0.817 外，其他年份企业营业收入增长率与利润增长率都不存在明显相关性。

**表 3—26　　2 832 家企业各年度样本的描述统计**

| 年度 | 计数 | 营业收入增长率大于利润增长率的企业比重（%） | 营业收入增长率（%） | | | 利润增长率（%） | | |
|---|---|---|---|---|---|---|---|---|
| | | | 均值 | 极大值 | 极小值 | 均值 | 极大值 | 极小值 |
| 1997 | 15 | 62.50 | －18 | 53 | －85 | －61 | 24 | －176 |
| 1998 | 239 | 56.90 | 0 | 59 | －81 | －59 | 38 | －467 |
| 1999 | 211 | 48.84 | 11 | 83 | －71 | －64 | 44 | －460 |
| 2000 | 221 | 50.11 | 11 | 92 | －62 | －65 | 32 | －452 |
| 2001 | 312 | 70.59 | 0 | 72 | －64 | －80 | 29 | －492 |
| 2002 | 227 | 51.56 | 1 | 80 | －75 | －87 | 22 | －424 |
| 2003 | 211 | 45.47 | 11 | 81 | －82 | －90 | 41 | －497 |
| 2004 | 171 | 37.09 | 13 | 82 | －33 | －49 | 54 | －430 |
| 2005 | 195 | 43.33 | 11 | 99 | －68 | －46 | 52 | －477 |
| 2006 | 195 | 43.82 | 14 | 94 | －40 | －31 | 67 | －465 |
| 2007 | 220 | 50.03 | 15 | 89 | －19 | －29 | 62 | －458 |
| 2008 | 357 | 79.33 | 10 | 88 | －80 | －70 | 42 | －477 |
| 2009 | 258 | 61.58 | －8 | 88 | －74 | －86 | 31 | －495 |

#### 3.5.2.3　地区样本分析

通过对 2 832 家营业收入增长率大于利润增长率的企业按地区样本进行描述统计可以发现，这 2 832 家企业分属于 35 个国家和地区（见表 3—27）。

剔除样本数少于 20 的国家，日本以 57％的企业的营业收入增长率大于利润增长率成为最大的规模偏好国家，而中国则以 65.49％企业的利润增长率大于营业收入增长率而成为最追求“利润”的国家。当然，这些数据一方面说明企业的规模偏好，另一方面也与一国的发展阶段、行业特点及垄断竞争程度有关。相关性分析表明，巴西、俄罗斯这两个国家营业收入增长率与利润增长率的相关性很高，分别为 0.643、0.713，而美国、日本则为负，分别为－0.235、－0.269。

**表 3—27　　2 832 家企业按地区样本描述统计**

| 国家/地区 | 计数 | 比重（%） | 营业收入增长率（%） | | | 利润增长率（%） | | |
|---|---|---|---|---|---|---|---|---|
| | | | 均值 | 极大值 | 极小值 | 均值 | 极大值 | 极小值 |
| 美国 | 994 | 52.76 | 11 | 94 | －81 | －19 | 67 | －477 |
| 日本 | 533 | 57.50 | 5 | 69 | －85 | －71 | 23 | －495 |
| 法国 | 205 | 48.35 | 9 | 99 | －74 | 50 | 51 | －463 |
| 德国 | 202 | 49.39 | 10 | 81 | －47 | －15 | 32 | －409 |
| 英国 | 192 | 53.19 | 9 | 92 | －64 | 3 | 41 | －412 |
| 中国大陆 | 77 | 44.51 | 18 | 57 | －67 | 69 | 45 | －324 |
| 加拿大 | 73 | 49.32 | 9 | 82 | －42 | 40 | 54 | －393 |
| 瑞士 | 70 | 51.47 | 5 | 54 | －40 | －37 | 38 | －488 |
| 韩国 | 69 | 53.49 | 8 | 71 | －43 | －28 | 11 | －448 |
| 荷兰 | 66 | 55.00 | 10 | 82 | －36 | －1 | 16 | －452 |
| 意大利 | 52 | 52.00 | 9 | 51 | －31 | －17 | 42 | －261 |
| 澳大利亚 | 39 | 48.15 | 10 | 51 | －18 | 26 | 34 | －418 |
| 西班牙 | 34 | 45.95 | 15 | 65 | －26 | 9 | 35 | －379 |
| 瑞典 | 33 | 55.93 | 6 | 36 | －38 | －20 | 9 | －497 |
| 比利时 | 25 | 55.56 | 18 | 45 | －33 | 9 | 42 | －139 |
| 巴西 | 22 | 50.00 | 16 | 73 | －55 | 34 | 24 | －64 |
| 印度 | 19 | 46.34 | 14 | 61 | －32 | 46 | 52 | －202 |
| 俄罗斯 | 17 | 54.84 | 20 | 50 | －41 | 19 | 17 | －261 |
| 芬兰 | 16 | 59.26 | 13 | 45 | －23 | 0 | 44 | －179 |
| 墨西哥 | 16 | 59.26 | 12 | 64 | －27 | 9 | 19 | －458 |
| 中国台湾 | 14 | 51.85 | 19 | 75 | －29 | －49 | 42 | －229 |
| 挪威 | 11 | 50.00 | 11 | 35 | －36 | 77 | 29 | －94 |
| 丹麦 | 8 | 61.54 | 17 | 73 | －22 | －2 | 21 | －139 |
| 马来西亚 | 7 | 63.64 | 20 | 45 | －22 | 21 | －46 | －226 |
| 卢森堡 | 6 | 60.00 | 27 | 78 | －48 | 0 | －9 | －99 |
| 新加坡 | 5 | 55.56 | 9 | 21 | －19 | 82 | 4 | －52 |
| 委内瑞拉 | 4 | 50.00 | 20 | 36 | －33 | 44 | 11 | －60 |

续前表

| 国家/地区 | 计数 | 比重（%） | 营业收入增长率（%） | | | 利润增长率（%） | | |
|---|---|---|---|---|---|---|---|---|
| | | | 均值 | 极大值 | 极小值 | 均值 | 极大值 | 极小值 |
| 爱尔兰 | 4 | 57.14 | 14 | 46 | −32 | 9 | 33 | −59 |
| 泰国 | 4 | 66.67 | 29 | 60 | 17 | 18 | 36 | −54 |
| 奥地利 | 4 | 80.00 | 10 | 86 | −28 | −11 | 23 | −86 |
| 沙特阿拉伯 | 3 | 60.00 | 11 | 31 | −21 | −1 | 22 | −55 |
| 土耳其 | 3 | 60.00 | 20 | 88 | −34 | 62 | −4 | −263 |
| 波兰 | 3 | 100.00 | 19 | 90 | −35 | −136 | −12 | −41 |
| 南非 | 1 | 100.00 | −21 | −21 | −21 | −56 | −56 | −56 |
| 葡萄牙 | 1 | 100.00 | 28 | 28 | 28 | −84 | −84 | −84 |

#### 3.5.2.4　行业样本分析

在表 3—28 统计的 40 个行业中，有 24 个行业中超过 50%的企业，营业收入增长率大于利润增长率，存在明显的规模偏好。而在众多行业中，多元化金融、家居个人用品、建材与玻璃、人寿与健康保险、网络通信、证券等行业的正相关性显著，相关系数分别为 0.808、0.596、0.741、0.198、0.523、0.425，而银行业却负相关，相关系数为 −0.478。

**表 3—28　　2 832 家企业按行业样本描述统计**

| 行业 | 计数 | 比重（%） | 营业收入增长率（%） | | | 利润增长率（%） | | |
|---|---|---|---|---|---|---|---|---|
| | | | 均值 | 极大值 | 极小值 | 均值 | 极大值 | 极小值 |
| 银行：商业与储蓄 | 341 | 52.79 | 17.38 | 99 | −80 | −143.14 | 51 | −475 |
| 能源 | 280 | 55.01 | 15.17 | 88 | −75 | −85.24 | 52 | −399 |
| 电子、电气设备 | 208 | 53.47 | 4.40 | 83 | −43 | −265.80 | 42 | −467 |
| 车辆与零部件 | 198 | 56.73 | 3.76 | 90 | −38 | −113.69 | 24 | −477 |
| 饮食服务 | 194 | 46.63 | 8.85 | 59 | −64 | −89.59 | 37 | −434 |
| 人寿与健康保险 | 170 | 49.71 | 13.14 | 88 | −85 | −75.93 | 38 | −476 |
| 电信 | 138 | 57.98 | 12.54 | 89 | −67 | −153.96 | 62 | −488 |
| 制药 | 126 | 49.22 | 17.54 | 89 | −40 | −82.53 | 33 | −309 |
| 航空与航天 | 115 | 56.37 | 6.82 | 66 | −29 | −263.92 | 18 | −477 |

续前表

| 行业 | 计数 | 比重（%） | 营业收入增长率（%） | | | 利润增长率（%） | | |
|---|---|---|---|---|---|---|---|---|
| | | | 均值 | 极大值 | 极小值 | 均值 | 极大值 | 极小值 |
| 公共设施 | 113 | 53.05 | 11.37 | 92 | −75 | −123.35 | 42 | −458 |
| 财产与意外保险 | 97 | 55.75 | 5.45 | 74 | −35 | −181.49 | 32 | −433 |
| 工程与建造 | 74 | 56.92 | 8.45 | 65 | −48 | −232.72 | 35 | −497 |
| 综合商业 | 69 | 56.56 | −0.55 | 88 | −42 | −200.01 | 9 | −486 |
| 金属 | 67 | 58.77 | 11.31 | 82 | −48 | −199.46 | 54 | −264 |
| 贸易 | 67 | 46.21 | 2.00 | 42 | −16 | −414.34 | 16 | −311 |
| 专业零售 | 60 | 46.51 | 8.10 | 55 | −82 | −135.25 | 30 | −452 |
| 邮箱、包裹与货运 | 50 | 55.56 | 5.00 | 33 | −14 | −147.70 | 18 | −403 |
| 批发 | 46 | 45.10 | 11.48 | 61 | −81 | −163.37 | 36 | −373 |
| 保健 | 40 | 43.01 | 6.88 | 58 | −39 | −190.63 | 26 | −396 |
| 多元化金融 | 33 | 58.93 | 61.21 | 81 | −17 | −16.58 | 63 | −262 |
| 铁路运输 | 33 | 56.90 | 6.82 | 61 | −39 | −86.85 | 35 | −424 |
| 娱乐 | 33 | 58.93 | 5.09 | 36 | −22 | −160.00 | 31 | −261 |
| 工农业设备 | 32 | 49.23 | 0.44 | 34 | −37 | −117.31 | 33 | −321 |
| 其他 | 28 | 51.85 | 1.39 | 37 | −47 | −130.61 | 6 | −495 |
| 林产品与纸制品 | 26 | 61.90 | 5.77 | 56 | −42 | −271.92 | 44 | −399 |
| 网络通信 | 25 | 59.52 | 2.48 | 27 | −14 | −128.88 | −14 | −241 |
| 证券 | 23 | 52.27 | 17.09 | 94 | −40 | −29.70 | 67 | −252 |
| 建材与玻璃 | 19 | 54.29 | 6.05 | 47 | −32 | −19.74 | 16 | −418 |
| 烟草 | 17 | 48.57 | 6.47 | 31 | −21 | −74.94 | 22 | −91 |
| 电子、办公设备 | 16 | 66.67 | 4.88 | 30 | −21 | −363.50 | 16 | −111 |
| 家居个人用品 | 14 | 40.00 | 5.07 | 47 | −22 | −8.00 | 27 | −465 |
| 航运 | 11 | 5.39 | 10.27 | 12 | −5 | −74.36 | 11 | −46 |
| 出版、印刷 | 10 | 41.67 | 4.90 | 33 | −24 | −73.30 | 23 | −396 |
| 科研、摄影、控制设备 | 9 | 52.94 | 7.00 | 29 | −14 | −78.78 | −14 | −237 |
| 多元化外包服务 | 8 | 42.11 | −0.25 | 47 | −5 | −51.88 | 1 | −345 |
| 电器 | 7 | 58.33 | −5.00 | 16 | −30 | −107.43 | 6 | −190 |
| 服装 | 6 | 42.86 | 4.33 | 9 | −17 | −87.67 | 1 | −309 |
| 汽车零售和服务 | 3 | 42.86 | 23.00 | 11 | −6 | −34.33 | −3 | −298 |
| 计算机软件 | 1 | 33.33 | 4.00 | 57 | −3 | 1.00 | 45 | −84 |
| 食品店和杂货店 | 1 | 100.00 | 25.00 | 4 | 4 | 20.00 | 1 | 1 |

注：有效样本数为 2 808 个。

以上对营业收入增长率大于利润增长率的 2 832 个统计样本按规模、国家、行业、年度分别进行统计分析发现，无论从以上哪个变量来划分统计，均有超过 50%以上的企业样本营业收入增长率大于利润增长率，说明大多数企业家更钟情于营业收入的增长而非利润的增长，即对规模的偏好大于对股东财富最大化的偏好，这就验证了假设 4 的正确性。

### 3.5.3　营业收入增长率为正的企业样本分析

为了进一步分析和论证企业家的规模偏好程度，本研究对总体样本又作了进一步分析。发现在全部 5 373 个样本中，有 3 739 家企业的营业收入增长率为正，实现了营业规模增长，占全部样本的 69.59%。但在这 3 739 个营业规模增长的企业中，却有 1 343 家企业的利润增长率出现了负增长，占全部 5 373 个样本的 25%，占营业收入增长率为正的企业的 35.92%。这些数据说明，企业家的规模偏好，有些对企业发展有促进作用，而有些扩张则是以利润的减少为代价的。这部分企业家在追求规模的同时，却损害了股东的利益。

#### 3.5.3.1　总体样本分析

由表 3—29 可知，在营业收入增长率大于利润增长率的 3 739 个企业样本中，营业收入增长率最大值为 99%，最小值为 1%；而利润增长率的最大值、最小值差距悬殊，分别为 489%、—497%。

**表 3—29　　3 739 家企业总体样本描述统计**

| | N | 极小值（%） | 极大值（%） | 均值（%） | 标准差（%） | 偏度（%） | 峰度（%） |
|---|---|---|---|---|---|---|---|
| 营业收入增长率 | 3 739 | 1 | 99 | 15.78 | 14.316 | 2.177 | 6.341 |
| 利润增长率 | 3 739 | —497 | 489 | 10.91 | 101.990 | —0.193 | 5.537 |
| 有效的 N（列表状态） | 3 739 | | | | | | |

在对这 3 739 家营业收入增长率为正的企业进行营业收入增长率与利润增长率的相关性分析时，发现其相关性依然为负且比总体的相关系数－0.037 更高，为－0.095（见表 3—30）。这说明，很多企业的营业收入规模扩大是以利润增长放缓为代价的。

**表 3—30　　3 739 家企业营业收入增长率与利润增长率的相关性**

| | | 营业收入增长率 | 利润增长率 |
|---|---|---|---|
| 营业收入增长率 | Pearson 相关性 | 1 | －0.095 |
| | 显著性（双侧） | | 0.000 |
| | $N$ | 3 739 | 3 739 |
| 利润增长率 | Pearson 相关性 | －0.095 | 1 |
| | 显著性（双侧） | 0.000 | |
| | $N$ | 3 739 | 3 739 |

#### 3.5.3.2　年度样本分析

可以看出在整个宏观经济形势较好的情况下，大部分企业的营业收入会增长，而在经济形势不乐观时，企业的营业收入会减少。在表 3—31 的数据中，1997 年、2001 年、2008 年、2009 年营业收入下降的企业在增多。如 2009 年，只有 32.46%的企业实现了营业收入的增长，而 67.54%的企业营业收入有所下降，这说明整个宏观经济形势对企业的影响非常显著。在 1997—2009 年的 13 年间，其中有 9 年平均利润增长率小于营业收入增长率，在大部分年份，企业的营业收入增长率大于利润增长率，而其中更是有 4 年，在营业收入增长率为正的情况下，利润增长率却为负，也就是说，虽然营业收入在增加，可利润却在下降甚至亏损。对各年度指标进行相关性分析后发现，1998 年营业收入增长率与利润增长率成正相关，相关系数为 0.301，2009 年成负相关，相关系数为－0.606，其他年份不显著相关。

表 3—31　　3 739 家企业年度数据描述统计

| 年份 | 计数 | 占全部样本比重（%） | 营业收入增长率（%） | | | 利润增长率（%） | | |
|---|---|---|---|---|---|---|---|---|
| | | | 均值 | 极大值 | 极小值 | 均值 | 极大值 | 极小值 |
| 1997 | 4 | 16.67 | 35 | 53 | 5 | −50 | 24 | −176 |
| 1998 | 213 | 50.71 | 13 | 82 | 1 | 5 | 477 | −335 |
| 1999 | 332 | 76.85 | 16 | 83 | 1 | 13 | 429 | −460 |
| 2000 | 326 | 72.44 | 17 | 95 | 1 | 12 | 450 | −452 |
| 2001 | 187 | 42.31 | 14 | 75 | 1 | −15 | 380 | −432 |
| 2002 | 266 | 58.08 | 10 | 80 | 1 | 2 | 439 | −424 |
| 2003 | 378 | 81.47 | 15 | 81 | 1 | 6 | 395 | −497 |
| 2004 | 411 | 89.15 | 16 | 82 | 1 | 35 | 459 | −430 |
| 2005 | 342 | 76.00 | 17 | 99 | 1 | 25 | 396 | −451 |
| 2006 | 393 | 88.31 | 15 | 94 | 1 | 24 | 472 | −465 |
| 2007 | 408 | 89.08 | 18 | 93 | 1 | 25 | 489 | −458 |
| 2008 | 343 | 76.22 | 18 | 88 | 1 | −29 | 433 | −477 |
| 2009 | 136 | 32.46 | 14 | 91 | 1 | −9 | 362 | −391 |

#### 3.5.3.3　地区样本分析

在表 3—32 的 34 个国家和地区中，大多数国家和地区 60%以上企业的营业收入增长率为正。剔除样本数小于 50 的国家，日本、韩国的利润增长率平均分别为 0、−3%，这与近年来日本、韩国的经济衰退的事实相吻合。进一步对这些国家和地区的营业收入增长率与利润增长率的相关性进行分析，巴西、俄罗斯等国家和地区的相关系数为正，分别为 0.544、0.633，而韩国、荷兰、美国、日本等国家和地区为负，相关系数分别为−0.327、−0.411、−0.261、−0.334，其他国家和地区的相关性不显著。

表 3—32　　3 739 家企业分国家/地区数据描述统计

| 国家/地区 | 计数 | 占总体样本比重（%） | 营业收入增长率（%） | | | 利润增长率（%） | | |
|---|---|---|---|---|---|---|---|---|
| | | | 均值 | 极大值 | 极小值 | 均值 | 极大值 | 极小值 |
| 美国 | 1 356 | 71.97 | 14 | 95 | 1 | 6 | 439 | −476 |
| 日本 | 556 | 59.98 | 12 | 93 | 1 | 0 | 459 | −460 |

续前表

| 国家/地区 | 计数 | 占总体样本比重（%） | 营业收入增长率（%） | | | 利润增长率（%） | | |
|---|---|---|---|---|---|---|---|---|
| | | | 均值 | 极大值 | 极小值 | 均值 | 极大值 | 极小值 |
| 法国 | 312 | 73.58 | 15 | 99 | 1 | 23 | 477 | −319 |
| 德国 | 283 | 69.19 | 14 | 83 | 1 | 11 | 433 | −297 |
| 英国 | 233 | 64.54 | 19 | 92 | 1 | 12 | 478 | −412 |
| 中国大陆 | 136 | 78.61 | 21 | 57 | 1 | 39 | 489 | −168 |
| 加拿大 | 104 | 70.27 | 18 | 82 | 2 | 22 | 392 | −257 |
| 瑞士 | 91 | 66.91 | 14 | 71 | 1 | 2 | 306 | −316 |
| 韩国 | 88 | 68.22 | 16 | 54 | 1 | −3 | 362 | −477 |
| 荷兰 | 87 | 72.50 | 19 | 82 | 2 | 22 | 365 | −452 |
| 意大利 | 73 | 73.00 | 15 | 57 | 1 | 14 | 311 | −261 |
| 澳大利亚 | 56 | 69.14 | 20 | 68 | 1 | 20 | 160 | −119 |
| 西班牙 | 55 | 74.32 | 22 | 86 | 1 | 19 | 131 | −222 |
| 瑞典 | 44 | 74.58 | 14 | 42 | 1 | −20 | 168 | −497 |
| 比利时 | 34 | 75.56 | 19 | 56 | 2 | 30 | 395 | −240 |
| 印度 | 32 | 78.05 | 30 | 73 | 1 | 52 | 450 | −28 |
| 巴西 | 31 | 70.45 | 22 | 48 | 2 | 21 | 325 | −71 |
| 俄罗斯 | 24 | 77.42 | 33 | 65 | 7 | 35 | 264 | −100 |
| 芬兰 | 22 | 81.48 | 18 | 45 | 1 | 23 | 455 | −179 |
| 中国台湾 | 21 | 77.78 | 21 | 64 | 1 | −1 | 263 | −458 |
| 墨西哥 | 20 | 74.07 | 25 | 75 | 5 | 11 | 201 | −184 |
| 挪威 | 17 | 77.27 | 20 | 36 | 1 | 49 | 263 | −12 |
| 丹麦 | 11 | 84.62 | 22 | 73 | 5 | 5 | 55 | −93 |
| 卢森堡 | 8 | 80.00 | 33 | 61 | 16 | 41 | 108 | −16 |
| 马来西亚 | 8 | 72.73 | 19 | 31 | 6 | 20 | 31 | −7 |
| 新加坡 | 7 | 77.78 | 24 | 78 | 1 | 102 | 431 | −73 |
| 爱尔兰 | 6 | 85.71 | 16 | 45 | 2 | 8 | 322 | −226 |
| 泰国 | 5 | 83.33 | 39 | 60 | 17 | 19 | 64 | −54 |
| 奥地利 | 4 | 80.00 | 21 | 36 | 10 | 2 | 25 | −22 |
| 沙特阿拉伯 | 4 | 80.00 | 22 | 46 | 10 | 14 | 34 | −19 |
| 土耳其 | 4 | 80.00 | 33 | 90 | 12 | 88 | 350 | −12 |
| 委内瑞拉 | 4 | 50.00 | 56 | 86 | 27 | 141 | 325 | 23 |
| 波兰 | 2 | 66.67 | 46 | 88 | 3 | −134 | −4 | −263 |
| 葡萄牙 | 1 | 100.00 | 28 | 28 | 28 | −84 | −84 | −84 |

#### 3.5.3.4 行业样本分析

在表 3—33 统计的 41 个行业中，26 个行业的营业收入增长率大于利润增长率，其中 8 个行业的利润增长率为负，2 个行业利润增长率为 0。其中多元化金融、多元化外包服务、服装、航运、家居个人用品、建材与玻璃等行业的正相关系数分别为 0.930、0.771、0.599、0.571、0.751、0.405，而银行业企业的相关系数为—0.488，其他行业的相关性不显著。

**表 3—33　　3 710 家企业分行业数据描述统计**

| 行业 | 计数 | 比重（%） | 营业收入增长率（%） | | | 利润增长率（%） | | |
|---|---|---|---|---|---|---|---|---|
| | | | 均值 | 极大值 | 极小值 | 均值 | 极大值 | 极小值 |
| 银行：商业与储蓄 | 442 | 68.42 | 19 | 99 | 1 | 16 | 472 | —451 |
| 能源 | 360 | 70.73 | 26 | 91 | 1 | 27 | 450 | —399 |
| 饮食服务 | 301 | 72.36 | 12 | 74 | 1 | 15 | 478 | —434 |
| 电子、电气设备 | 261 | 67.10 | 15 | 83 | 1 | 5 | 447 | —460 |
| 车辆与零部件 | 240 | 68.77 | 12 | 90 | 1 | 5 | 350 | —427 |
| 人寿与健康保险 | 215 | 62.87 | 18 | 88 | 1 | 16 | 359 | —476 |
| 制药 | 192 | 75.00 | 13 | 89 | 1 | 8 | 380 | —309 |
| 电信 | 166 | 69.75 | 14 | 95 | 1 | 10 | 353 | —432 |
| 公共设施 | 149 | 69.95 | 18 | 92 | 1 | 16 | 396 | —458 |
| 航空与航天 | 146 | 71.57 | 13 | 66 | 1 | —15 | 392 | —477 |
| 财产与意外保险 | 128 | 73.56 | 12 | 74 | 1 | 0 | 439 | —370 |
| 专业零售 | 102 | 70.34 | 13 | 42 | 1 | 13 | 344 | —311 |
| 批发 | 86 | 66.15 | 18 | 65 | 1 | —4 | 489 | —497 |
| 工程与建造 | 84 | 65.12 | 15 | 88 | 1 | 17 | 367 | —124 |
| 金属 | 80 | 65.57 | 15 | 55 | 1 | 17 | 365 | —452 |
| 贸易 | 79 | 69.30 | 13 | 58 | 1 | 10 | 380 | —396 |
| 保健 | 76 | 74.51 | 18 | 82 | 1 | 22 | 459 | —264 |
| 邮箱、包裹与货运 | 71 | 76.34 | 12 | 88 | 1 | 2 | 352 | —381 |
| 综合商业 | 68 | 75.56 | 9 | 33 | 1 | 4 | 477 | —230 |
| 工农业设备 | 45 | 69.23 | 15 | 48 | 1 | 35 | 457 | —113 |
| 娱乐 | 44 | 75.86 | 11 | 61 | 1 | —32 | 141 | 424 |

续前表

| 行业 | 计数 | 比重（%） | 营业收入增长率（%） | | | 利润增长率（%） | | |
|---|---|---|---|---|---|---|---|---|
| | | | 均值 | 极大值 | 极小值 | 均值 | 极大值 | 极小值 |
| 多元化金融 | 39 | 69.64 | 14 | 36 | 2 | 6 | 104 | −180 |
| 铁路运输 | 39 | 69.64 | 13 | 81 | 1 | 38 | 297 | −228 |
| 其他 | 34 | 62.96 | 14 | 49 | 1 | 8 | 251 | −297 |
| 建材与玻璃 | 31 | 70.45 | 14 | 31 | 1 | 13 | 92 | −91 |
| 证券 | 29 | 69.05 | 14 | 47 | 4 | −14 | 217 | −316 |
| 家居个人用品 | 27 | 64.29 | 27 | 94 | 3 | 6 | 74 | −252 |
| 网络通信 | 27 | 77.14 | 9 | 34 | 2 | 21 | 273 | −22 |
| 林产品与纸制品 | 25 | 71.43 | 20 | 56 | 1 | 26 | 391 | −185 |
| 烟草 | 21 | 60.00 | 12 | 30 | 1 | −11 | 455 | −210 |
| 出版、印刷 | 16 | 66.67 | 11 | 30 | 1 | 7 | 110 | −111 |
| 电子、办公设备 | 16 | 66.67 | 12 | 29 | 2 | −12 | 99 | −237 |
| 多元化外包服务 | 16 | 84.21 | 14 | 47 | 1 | −47 | 56 | −465 |
| 航运 | 15 | 88.24 | 12 | 28 | 1 | 24 | 119 | −55 |
| 服装 | 13 | 76.47 | 19 | 35 | 1 | 5 | 236 | −396 |
| 科研、摄影、控制设备 | 11 | 78.57 | 14 | 44 | 3 | 0 | 203 | −298 |
| 电器 | 6 | 50.00 | 10 | 47 | 3 | −15 | 110 | −345 |
| 汽车零售和服务 | 4 | 57.14 | 7 | 15 | 2 | 85 | 362 | −126 |
| 计算机软件 | 3 | 100.00 | 23 | 57 | 1 | 40 | 141 | −64 |
| 网络服务和零售 | 2 | 100.00 | 32 | 66 | 4 | 32 | 67 | 1 |
| 食品店和杂货店 | 1 | 100.00 | 19 | 28 | 9 | 47 | 54 | 40 |

注：有效样本数为 3 710 个。

#### 3.5.3.5　规模样本分析

由表 3—34 可以看出，在以上各规模企业中，除规模在 100 亿美元以下的企业外，其他规模企业均有 60%以上企业的营业收入增长率大于利润增长率。而相关分析结果是：1 000 亿美元以上企业的营业收入增长率与利润增长率成显著负相关，为−0.444，规模在 200 亿～300 亿美元的企业的相关系数为 0.103，其他规模企业的营业收入增长率与利润增长率不具显著相关性。

表 3—34　　　3 739 家企业分规模样本描述统计

| 营业收入规模（亿美元） | 计数 | 比重（%） | 营业收入增长率（%） | | | 利润增长率（%） | | |
|---|---|---|---|---|---|---|---|---|
| | | | 均值 | 极大值 | 极小值 | 均值 | 极大值 | 极小值 |
| 100～200 | 1 222 | 63.25 | 4 | 83 | 1 | −19 | 477 | −497 |
| 200～300 | 987 | 72.20 | 9 | 93 | 1 | −16 | 489 | −476 |
| 300～500 | 771 | 74.21 | 13 | 90 | 1 | 1 | 478 | −460 |
| 500～1 000 | 548 | 76.22 | 15 | 99 | 1 | −13 | 395 | −477 |
| 1 000 以上 | 202 | 74.81 | 30 | 89 | 1 | −15 | 256 | −386 |
| 100 以下 | 9 | 19.57 | −7 | 7 | 2 | −22 | 97 | −86 |

### 3.5.4　营业收入增长率为正而利润增长率为负的企业样本分析

为了进一步论证代理人规模偏好的程度，本研究对 3 739 家营业收入增长率为正，也就是规模在扩张的企业样本作进一步分析，发现其中 1 343 家企业的利润增长率为负。也就是说，有 35.92%企业的规模扩张是以股东财富的减少为代价的，股东利益严重受到损害。

#### 3.5.4.1　总体样本分析

由表 3—35 可知，在 1 343 个营业收入增长率为正而利润增长率为负的企业样本中，营业收入增长率和利润增长率的平均值分别为 13.57%和−74.15%。由表 3—36 可知，营业收入增长率与利润增长率成显著负相关关系，相关系数为−0.340。

表 3—35　1 343 家营业收入增长率为正而利润增长率为负的企业总体样本描述统计

| | $N$ | 极小值（%） | 极大值（%） | 均值（%） | 标准差（%） | 偏度（%） | 峰度（%） |
|---|---|---|---|---|---|---|---|
| 营业收入增长率 | 1 343 | 1 | 99 | 13.57 | 13.55 | 2.635 | 9.645 |
| 利润增长率 | 1 343 | −497 | −1 | −74.15 | 89.658 | −2.134 | 4.800 |
| 有效的 $N$（列表状态） | 1 343 | | | | | | |

表 3—36　　1 343 家企业营业收入增长率与利润增长率相关性分析

| | | 营业收入增长率 | 利润增长率 |
|---|---|---|---|
| 营业收入增长率 | Pearson 相关性 | 1 | −0.340* |
| | 显著性（双侧） | | 0 |
| | *N* | 1 343 | 1 343 |
| 利润增长率 | Pearson 相关性 | −0.340* | 1 |
| | 显著性（双侧） | 0 | |
| | *N* | 1 343 | 1 343 |

* 表示在 0.01 的水平（双侧）上显著相关。

### 3.5.4.2　年度样本分析

从表 3—37 可以看出，在各年实现营业收入增长的企业中，都有相当比重的企业是以利润减少为代价的增长。可以说这种增长是以损害股东利益为代价的。其中 2008 年、2001 年、1997 年、2009 年这 4 年尤为明显，营业收入增长率为正而利润增长率却为负的企业比重分别为：62.39%、52.41%、50.00%、46.32%。这与 1997 年亚洲金融危机、2001 年美国网络经济泡沫破灭、2008 年全球金融危机等大的外部宏观经济环境密不可分。在经济形势不乐观情况下，企业的盈利能力愈发下降，即使实现营业收入增长，也往往是采取大尺度的降价促销手段，是以减少利润为代价的，甚至出现入不敷出的局面。在相关性分析中，1999 年、2000 年、2007 年、2009 年的相关系数分别为：−0.180、−0.314、−0.251、−0.886，而其他年份无显著相关性。

表 3—37　　1 343 家企业分年度样本描述统计

| 年份 | 计数 | 营业收入增长率为正而利润增长率为负的样本比重（%） | 营业收入增长率（%） | | | 利润增长率（%） | | |
|---|---|---|---|---|---|---|---|---|
| | | | 均值 | 极大值 | 极小值 | 均值 | 极大值 | 极小值 |
| 1997 | 2 | 50.00 | 29 | 53 | 5 | −114 | −51 | −176 |
| 1998 | 79 | 37.09 | 11 | 48 | 1 | −52 | −1 | −335 |

续前表

| 年份 | 计数 | 营业收入增长率为正而利润增长率为负的样本比重（%） | 营业收入增长率（%） | | | 利润增长率（%） | | |
|---|---|---|---|---|---|---|---|---|
| | | | 均值 | 极大值 | 极小值 | 均值 | 极大值 | 极小值 |
| 1999 | 132 | 39.76 | 15 | 83 | 1 | −79 | −1 | −460 |
| 2000 | 108 | 33.13 | 14 | 92 | 1 | −96 | −1 | −452 |
| 2001 | 98 | 52.41 | 12 | 68 | 1 | −71 | −2 | −432 |
| 2002 | 109 | 40.98 | 11 | 80 | 1 | −90 | −2 | −424 |
| 2003 | 135 | 35.71 | 14 | 81 | 1 | −106 | −1 | −497 |
| 2004 | 99 | 24.09 | 14 | 66 | 1 | −68 | −1 | −430 |
| 2005 | 87 | 25.44 | 13 | 99 | 1 | −58 | −1 | −451 |
| 2006 | 102 | 25.95 | 11 | 90 | 1 | −57 | −1 | −465 |
| 2007 | 115 | 28.19 | 14 | 54 | 1 | −50 | −1 | −458 |
| 2008 | 214 | 62.39 | 16 | 88 | 1 | −72 | −1 | −477 |
| 2009 | 63 | 46.32 | 13 | 88 | 1 | −83 | −2 | −391 |

#### 3.5.4.3　地区样本分析

在表 3—38 中，企业样本数超过 30 个的国家和地区有 10 个，其中日本在营业收入增长率为正的企业中，有 43.88%是以减少利润为代价的。这一比重位居各国和地区之首，这也是日本近年经济发展步伐放缓的一个重要体现。而中国企业再次以 26.47%的比重取得最好的“利润成绩”，这与中国整体经济增长趋势有关，但也与中国进入世界 500 强企业的垄断性有关。在营业收入增长率为正的 3 739 个企业样本中，利润增长率为负的企业样本有 1 343 个，占到 35.92%。而在对这 1 343 个样本按国家和地区进行相关性分析时，韩国企业营业收入增长率与利润增长率的相关系数为−0.439，荷兰为−0.681，美国为−0.634，其他国家和地区无显著相关性。

表 3—38　　1 343 家企业分地区样本描述统计

| 国家/地区 | 计数 | 营业收入增长率为正而利润增长率为负的样本比重（%） | 营业收入增长率（%） | | | 利润增长率（%） | | |
|---|---|---|---|---|---|---|---|---|
| | | | 均值 | 极大值 | 极小值 | 均值 | 极大值 | 极小值 |
| 美国 | 465 | 34.29 | 11 | 92 | 1 | −74 | −1 | −476 |
| 日本 | 244 | 43.88 | 12 | 69 | 1 | −96 | −1 | −460 |
| 德国 | 115 | 40.64 | 14 | 81 | 1 | −72 | −2 | −297 |
| 法国 | 100 | 32.05 | 14 | 99 | 1 | −67 | −1 | −319 |
| 英国 | 83 | 35.62 | 18 | 88 | 1 | −69 | −1 | −412 |
| 加拿大 | 38 | 36.54 | 18 | 66 | 3 | −50 | −3 | −257 |
| 瑞士 | 38 | 41.76 | 15 | 42 | 1 | −48 | −2 | −168 |
| 中国大陆 | 36 | 26.47 | 13 | 48 | 1 | −81 | −1 | −316 |
| 韩国 | 33 | 37.50 | 18 | 82 | 3 | −72 | −1 | −452 |
| 意大利 | 30 | 41.10 | 13 | 42 | 1 | −47 | −3 | −261 |
| 荷兰 | 29 | 33.33 | 17 | 54 | 3 | −91 | −12 | −477 |
| 瑞典 | 22 | 50.00 | 14 | 35 | 1 | −76 | −1 | −497 |
| 西班牙 | 14 | 25.45 | 13 | 29 | 1 | −44 | −2 | −222 |
| 澳大利亚 | 12 | 21.43 | 12 | 37 | 1 | −39 | −2 | −119 |
| 印度 | 12 | 37.50 | 19 | 32 | 2 | −41 | −7 | −71 |
| 俄罗斯 | 9 | 37.50 | 22 | 36 | 7 | −30 | −4 | −100 |
| 芬兰 | 9 | 40.91 | 21 | 73 | 5 | −12 | −1 | −28 |
| 中国台湾 | 9 | 42.86 | 12 | 23 | 1 | −83 | −2 | −179 |
| 巴西 | 8 | 25.81 | 19 | 50 | 4 | −75 | −4 | −240 |
| 比利时 | 7 | 20.59 | 13 | 29 | 1 | −158 | −40 | −458 |
| 墨西哥 | 7 | 35.00 | 15 | 30 | 5 | −70 | −26 | −184 |
| 卢森堡 | 4 | 50.00 | 16 | 45 | 2 | −134 | −46 | −226 |
| 新加坡 | 4 | 57.14 | 20 | 27 | 7 | −44 | −18 | −93 |
| 丹麦 | 3 | 27.27 | 33 | 78 | 1 | −49 | −9 | −73 |
| 奥地利 | 2 | 50.00 | 23 | 36 | 10 | −15 | −7 | −22 |
| 波兰 | 2 | 100.00 | 46 | 88 | 3 | −134 | −4 | −263 |
| 土耳其 | 2 | 50.00 | 51 | 90 | 12 | −12 | −12 | −12 |
| 爱尔兰 | 1 | 16.67 | 6 | 6 | 6 | −7 | −7 | −7 |
| 马来西亚 | 1 | 12.50 | 16 | 16 | 16 | −16 | −16 | −16 |

续前表

| 国家 | 计数 | 营业收入增长率为正而利润增长率为负的样本比重（%） | 营业收入增长率（%） | | | 利润增长率（%） | | |
|---|---|---|---|---|---|---|---|---|
| | | | 均值 | 极大值 | 极小值 | 均值 | 极大值 | 极小值 |
| 挪威 | 1 | 5.88 | 2 | 2 | 2 | －12 | －12 | －12 |
| 葡萄牙 | 1 | 100.00 | 28 | 28 | 28 | －84 | －84 | －84 |
| 沙特阿拉伯 | 1 | 25.00 | 19 | 19 | 19 | －19 | －19 | －19 |
| 泰国 | 1 | 20.00 | 17 | 17 | 17 | －54 | －54 | －54 |

#### 3.5.4.4　行业样本分析

由表 3—39 可知，在样本数超过 30 个的行业中，电信、公共设施、航空与航天、财产与意外保险、工程与建造 5 个行业营业收入增长率为正而利润增长率为负的企业比重较高，分别为 46.99%、44.30%、45.21%、45.31%、42.86%，近半数企业是以利润减少为代价而进行的规模扩张。在对各行业企业营业收入增长率与利润增长率的相关性进行分析后，得出如下结果：车辆与零部件、电信、银行：商业与储蓄、制药这 4 个行业的相关系数为负，分别是－0.252、－0.558、－0.555、－0.307，其他行业则不具有显著相关性。

**表 3—39　　　　　　1 332 家企业分行业样本描述统计**

| 行业 | 计数 | 营业收入增长率为正而利润增长率为负的样本比重（%） | 营业收入增长率（%） | | | 利润增长率（%） | | |
|---|---|---|---|---|---|---|---|---|
| | | | 均值 | 极大值 | 极小值 | 均值 | 极大值 | 极小值 |
| 银行：商业与储蓄 | 140 | 31.67 | 16 | 99 | 1 | －62 | －1 | －451 |
| 能源 | 114 | 31.6 | 21 | 88 | 1 | －62 | －2 | －399 |
| 饮食服务 | 99 | 32.89 | 10 | 59 | 1 | －57 | －1 | －434 |
| 电子、电气设备 | 98 | 37.55 | 14 | 83 | 1 | －99 | －1 | －460 |

续前表

| 行业 | 计数 | 营业收入增长率为正而利润增长率为负的样本比重（%） | 营业收入增长率（%） | | | 利润增长率（%） | | |
|---|---|---|---|---|---|---|---|---|
| | | | 均值 | 极大值 | 极小值 | 均值 | 极大值 | 极小值 |
| 车辆与零部件 | 94 | 39.17 | 10 | 90 | 1 | −62 | −1 | −427 |
| 电信 | 78 | 46.99 | 12 | 44 | 1 | −73 | −2 | −432 |
| 制药 | 72 | 37.50 | 12 | 89 | 1 | −60 | −1 | −309 |
| 人寿与健康保险 | 70 | 32.56 | 18 | 88 | 1 | −85 | −2 | −476 |
| 公共设施 | 66 | 44.30 | 17 | 92 | 1 | −64 | −1 | −458 |
| 航空与航天 | 66 | 45.21 | 14 | 66 | 1 | −105 | −3 | −477 |
| 财产与意外保险 | 58 | 45.31 | 12 | 74 | 1 | −86 | −1 | −370 |
| 工程与建造 | 36 | 42.86 | 14 | 42 | 1 | −99 | −3 | −497 |
| 金属 | 32 | 40.00 | 15 | 78 | 1 | −71 | −1 | −264 |
| 专业零售 | 31 | 30.39 | 12 | 42 | 1 | −48 | −1 | −311 |
| 邮箱、包裹与货运 | 29 | 40.85 | 8 | 33 | 1 | −74 | −2 | −230 |
| 批发 | 26 | 30.23 | 13 | 88 | 2 | −87 | −1 | −381 |
| 综合商业 | 24 | 35.29 | 10 | 28 | 1 | −48 | −2 | −124 |
| 保健 | 23 | 30.26 | 9 | 28 | 1 | −67 | −3 | −396 |
| 娱乐 | 22 | 50.00 | 11 | 56 | 1 | −113 | −6 | −424 |
| 贸易 | 21 | 26.58 | 11 | 36 | 1 | −128 | −3 | −452 |
| 林产品与纸制品 | 16 | 64.00 | 13 | 27 | 1 | −98 | −14 | −210 |
| 工农业设备 | 13 | 28.89 | 16 | 47 | 4 | −102 | −1 | −316 |
| 其他 | 11 | 32.35 | 13 | 34 | 1 | −58 | −9 | −113 |
| 铁路运输 | 11 | 28.21 | 12 | 37 | 1 | −105 | −16 | −297 |
| 建材与玻璃 | 9 | 29.03 | 16 | 81 | 3 | −71 | −2 | −228 |
| 电子、办公设备 | 8 | 50.00 | 8 | 16 | 1 | −25 | −1 | −91 |
| 多元化金融 | 8 | 20.51 | 15 | 47 | 1 | −124 | −1 | −465 |

续前表

| 行业 | 计数 | 营业收入增长率为正而利润增长率为负的样本比重（%） | 营业收入增长率（%） | | | 利润增长率（%） | | |
|---|---|---|---|---|---|---|---|---|
| | | | 均值 | 极大值 | 极小值 | 均值 | 极大值 | 极小值 |
| 网络通信 | 8 | 29.63 | 10 | 36 | 3 | −50 | −3 | −180 |
| 出版、印刷 | 7 | 43.75 | 10 | 19 | 1 | −75 | −2 | −185 |
| 航运 | 7 | 46.67 | 12 | 29 | 5 | −83 | −14 | −237 |
| 烟草 | 7 | 33.33 | 15 | 32 | 1 | −81 | −17 | −396 |
| 家居个人用品 | 6 | 22.22 | 6 | 10 | 3 | −11 | −4 | −22 |
| 证券 | 6 | 20.69 | 14 | 30 | 3 | −40 | −13 | −111 |
| 服装 | 5 | 38.46 | 17 | 34 | 10 | −99 | −9 | −252 |
| 多元化外包服务 | 4 | 25.00 | 6 | 11 | 3 | −102 | −3 | −298 |
| 科研、摄影、控制设备 | 4 | 36.36 | 6 | 16 | 1 | −27 | −9 | −55 |
| 电器 | 2 | 33.33 | 15 | 47 | 3 | −122 | −39 | −345 |
| 汽车零售和服务 | 1 | 25.00 | 7 | 9 | 5 | −116 | −105 | −126 |

注：有效样本为 1 332 个。

#### 3.5.4.5　规模样本分析

表 3—40 中规模在 100 亿美元以下的企业，有 44.44%实现了营业规模的增长，但利润却在下降。同样，规模为 100 亿～200 亿美元、200 亿～300 亿美元、300 亿～500 亿美元、500 亿～1 000 亿美元、1 000 亿美元以上的企业中，也分别有 38.71%、36.98%、31.26%、36.50%、29.70%的企业存在规模扩张而利润缩水的事实。通过回归分析发现，营业收入增长率为正而利润增长率为负，规模在 1 000 亿美元以上的企业，其营业收入增长率与利润增长率的负相关系数为−0.938，规模为 300 亿～500 亿美元的企业，相关系数为−0.161，规模为 500 亿～1 000 亿美元的企业，相关系数为−0.172。

表 3—40　　　　1 343 家企业分规模样本描述统计

| 规模（亿美元） | 计数 | 比重（%） | 营业收入增长率（%） | | | 利润增长率（%） | | |
|---|---|---|---|---|---|---|---|---|
| | | | 均值 | 极大值 | 极小值 | 均值 | 极大值 | 极小值 |
| 100～200 | 473 | 38.71 | 12 | 66 | 1 | −78 | −1 | −497 |
| 200～300 | 365 | 36.98 | 14 | 92 | 1 | −71 | −1 | −476 |
| 300～500 | 241 | 31.26 | 16 | 90 | 1 | −78 | −1 | −460 |
| 500～1 000 | 200 | 36.50 | 14 | 99 | 1 | −69 | −1 | −477 |
| 1 000 以上 | 60 | 29.70 | 15 | 74 | 1 | −69 | −1 | −386 |
| 100 以下 | 4 | 44.44 | 4 | 4 | 3 | −71 | −50 | −86 |

以上分析表明，在多数情况下，代理人对企业规模增长率（营业收入增长率）的追求超过对利润增长率的追求，假设 4 成立。

## 3.6　本章小结

本章首先把“代理人规模偏好”假设从不同角度分解为 4 个具体假设，然后分别利用我国上市公司数据与世界 500 强企业数据对代理人规模偏好进行了实证检验。

利用我国上市公司 1999—2009 年数据、世界 500 强企业 1997—2009 年数据对代理人规模偏好进行实证研究发现：（1）企业高管报酬与企业规模具有显著正相关性，其中高管报酬与营业收入的相关系数为 0.433，且有简单线性关系。这种关系是符合高管利益的，企业规模的扩大有助于提高公司高管人员的报酬。（2）企业高管报酬与企业绩效的相关性较弱，相关系数仅为 0.006。这说明提高企业业绩并不能给高管带来明显的报酬提高。（3）企业绝对规模与利润高度正相关，相关系数为 0.545。这说明企业规模的扩大会相应提高企业利润，是符合股东利益的。（4）企业营业收入增长率与利润增长率成显著负相关，相关系数为−0.037。也就是说，随着企业规模的增长，股东财富的增长相对变缓。在总体样本中，有 52.71％的企业营业收入增长率大于利润增长率，表明代理人更偏好追求规模扩张指标，具有明显的规模偏好。在全部样本中，有 69.59％的企业营业收入增长率为正，实现了营业规模增长，而其中 35.92％的企业利润增长率却为负，规模增长是以利润减少为代价的。

本章的实证分析表明，代理人具有明显的规模偏好。这种规模偏好在给代理人自身带来好处的同时，对股东等利益相关者会产生两方面的影响：一方面，适度企业规模会在一定程度上实现股东等利益相关者的目标；另一方面，过度的规模偏好，是以利润的减少甚至亏损破产为代价的，这种规模扩张会使股东利益严重受损。

同时实证检验发现，企业规模与利润的关系、企业规模增长率与利润增长率的关系呈现明显的行业、规模、地区、年度等特点，会随以上变量的不同而有明显变化。这说明企业的最佳规模不是主观因素能够决定的，它与企业的内外部环境密切相关。如果代理人抛开这些因素盲目进行规模扩张，势必会损害委托人的利益，甚至会使企业破产。

# 第4章 代理人规模偏好的效应分析

前文对代理人规模偏好分别从理论和实证两方面进行了充分论证和检验，代理人规模偏好不仅客观存在，而且其存在会产生两方面影响：一是如果规模偏好适度，则无论对代理人还是委托人都会提高效用；二是如果规模偏好过度，则会对委托人的利益造成严重伤害。那么，代理人规模偏好所产生的效应到底有哪些？其对股东目标的实现及企业的长远发展有何具体影响？这就是本章所要探讨的问题。

众所周知，大企业是一个国家综合经济实力的集中体现。一个经济大国如果没有一批具有全球竞争力和影响力的大企业，只依靠低劳动力成本和产品来获得国际市场，那么永远不可能成为具有全球影响力的经济强国。这也是各国促进本国企业创业和成长进而做强做大做久的重要意义。然而，有些企业家对企业规模认识不清，把规模大的企业简单地视为强大的企业，因而热衷于上项目、拼规模，认为只要能把规模做大，就能跻身于强企之列。要客观认识这一问题，首先要弄清什么是真正强大的企业。张维迎（2008）[①] 把真正强大的企业的形成归结为以下几个因素：一是创新的核心技术；二是规模经济，也就是成本优势；三是对供应链的管理能力；四是品牌价值；五是资源垄断。面对日益复杂的国际经营环境，如果企业盲目追求规模，而忽视内在核心竞争力的培养，“财富神话”与“崩盘悲剧”就只有一线之隔。

当然，分析代理人规模偏好的效应绝不是让我们故步自封、顾此失彼，而适度的经营规模永远是企业所应追求的重要目标之一。几乎所有行业，客观上都要求最低的经济规模，尤其是那些高度专业化、社会化的行业，其最低经济规模会更高。所以在现实中，大多数企业都在积极地为获取更大的规模效益而进行大规模扩张。而企业规模大小的最终实现及最优经济规模的确定，并不完全以经营者的主观意志为转移，而是应以市场为导向，以实现企业价值最大化目标为前提。只有高度尊重客观经济规律，充分认识企业自身的优劣势及外部环境中的机遇与风险，在此基础上扩大企业规模才会事半功倍。随着企业规模的扩大，因规模而产生的积极效应会充分显现：如扩大经营范围、丰富经营品种、采用更先进的技术和设备等。而这些在一定程度上可以平缓需求波动，增强企业的竞争力，最终提升企业的盈利水平。这就是经济学上的规模经济——规模的扩大会带来盈利水平更大程度的提高。然而辩证法中的“物极必反”法则提醒企业家：企业的规模扩张要适度，否则过犹不及。随着企业规模的无限制扩张，会出现活力减退的“大企业病”，主要表现

---

① 参见张维迎：《华企且慢进军世界500强》，载《经营管理者》，2008（1）。

为管理协调困难、部门条块分割、信息不畅等。此时便从规模经济走向规模不经济，生产要素投入的增加只得到产出水平的更小比例的增加。可见，经济规模并不等于规模经济。[①]

## 4.1 代理人规模偏好与股东财富最大化目标在结果上的不同

代理人规模偏好（追求销售额最大化）与追求股东财富最大化（利润最大化）在过程和结果上有什么不同呢？根据鲍莹尔（1959）的理论，代理人在追求一定利润的前提下通常致力于企业销售额的最大化，我们可以通过图4—1和图4—2来说明。图4—1描述了在垄断竞争环境下运行的、追求销售额最大化的企业。这意味着企业所面对的需求曲线是向右下方倾斜的。在图4—1中，TR是总收益曲线，TC是总成本曲线，$P$为利润曲线。在TR和TC距离最远的地方，即产量$Q_m$的对应处，企业实现了利润最大化。也就是当边际收益和边际成本相等的时候，企业实现利润最大化，这时所对应的产出水平是$Q_m$。相反，如果企业要追求销售额最大化，它实际上是要找边际收益为零的产出水平，那实际上是在$Q_3$这一点上，即收益曲线切线水平的那一点。不过，在这样一个产出水平上，虽然销售额最大，但对应的利润却较低，更谈不上是利润最大化了。显然，这体现了经理与股东利益的根本差异。[②]

不过代理人有时追求销售额最大化的目标不一定能达到。如果销售额最大化对应的利润额低于股东满意的水平，企业就必须要减少产量以

---

① 参见林斗志：《正确看待企业的强与大：经济规模≠规模经济》，载《安徽科技》，2002（11）。

② 参见宁向东：《公司治理理论》，49～50页，北京，中国发展出版社，2009。

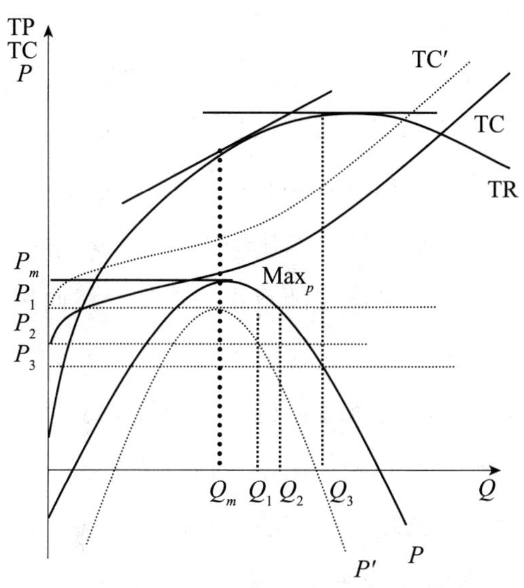


图 4—1　追求销售额最大化的企业

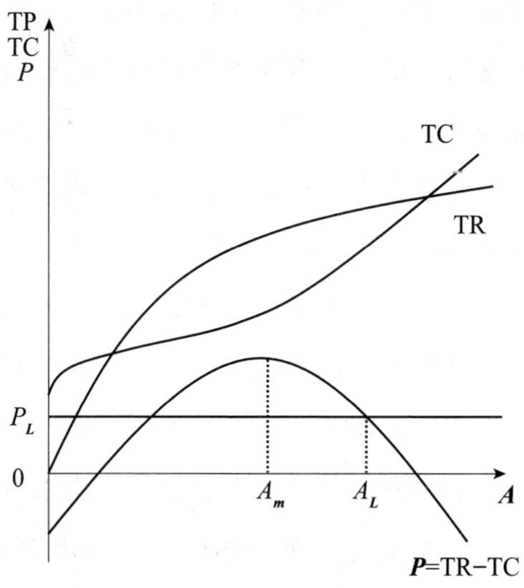


图 4—2　销售额最大化企业的广告行为

提升利润。产量的减少伴随着价格的增加。如果根据资本市场要求，代理人预期最低的利润水平是 $P_1$，那么实际上代理人会把产出水平确定在 $Q_2$ 点上。并且伴随着资本市场的不同利润要求，经理会调整他的销售额，加以适应。图 4—1 描述的代理人决策过程表明，无论如何，代理人规模偏好（追求销售额最大化）都与股东的根本利益有冲突。但辩证地看，在图 4—1 实现利润最大化的 $\text{Max}_p$ 点之前，随着 TR（总收益，即销售额）的增加，利润也随着正向增加，然而超过了 $\text{Max}_p$ 点之后，则随着 TR 的增加，利润会大幅下降。这说明任何企业都有相对的经济规模，规模扩大都不是无限制的，否则就会导致企业出现损害股东利益的现象，严重时会导致企业出现亏损，甚至破产。

鲍莫尔（1959）也指出，追求销售额最大化的企业会比追求利润最大化的企业支付更多的金钱用于广告和其他促销行动，这个观点用图 4—2 来演示。广告与其他促销行为由企业的经营目标决定。广告在很多情况下是用来刺激需求的。如果一个广告成功了，企业所面对的需求曲线会出现右移。这就是说，一般情况下，有广告可以比没有广告时以相同的价格销售更多的产品。但广告支出也存在收益递减规律。当广告支出不断增加时，总收益虽然会增加，但边际收益是递减的。

图 4—2 中的横轴描述广告支出的数量。当广告支出增加时，总收益会增加，但它的增加不是无限的。这是因为，广告支出要计入成本，由于边际收益递减法则在起作用，成本增加会导致利润下降。在 $A_m$ 所代表的广告支出水平上，企业利润达到最大化，以后逐渐下降。但假定企业只追求一定水平的利润，其他潜在利润都被用来做广告或其他形式的促销，以达到销售额最大化，企业的广告支出水平为 $A_L$。这时，实际上代理人是在用股东的利益拼命扩大企业规模（销售额）。这样做的直接效应是提升了经理自己的声誉，因为一个大企业的经理比一个小企

业的经理更加容易被外界所知，经理的个人声誉也更容易得到巩固和提高。由图 4—1 和图 4—2 可以很直观地看出，在一定销售规模范围内，随着销售额的增加，企业利润也在增加；但如果超出一定范围，销售额的增加将会引起利润的下降。

“规模经济”、“规模效应”在经济全球化的社会，已成为企业竞相角逐的焦点。相对于规模较大的企业，小企业生存得相当艰辛，它们犹如大洋中的一叶小舟，随时都可能被惊涛骇浪吞噬，而大企业则犹如一艘巨轮，安全从容得多。但在现实中，一些规模较大、业绩尚可的企业，随着竞争的加剧，不仅失去了原有的优势地位，甚至亏损、破产。[①] 那么企业家规模偏好到底会给企业带来什么样的影响呢？本书将从积极效应和消极效应两个方面来分析。

## 4.2　代理人规模偏好的积极效应

交易成本理论基于这样的事实：公司在变得足够大的时候能够有效地代替市场来决定资源的配置。显然，为了公司利益，管理层会尽可能地将交易内部化。这样做的一个主要原因在于，这种内部化消除了未来产品价格和质量的风险及不确定性。但随着竞争的充分展开，各种技术垄断的周期也随之缩短，整个社会平均利润水平都处于下降趋势。在这种大环境下，企业为了获取更多利润，单纯依靠技术垄断已难以实现，那么通过薄利多销、提高市场占有率来获取更多利润就成为必然。代理人规模偏好的积极效应主要体现在如下方面：

（1）运营方式。在运营方式上，大规模企业创建了更广泛的营销网

① 参见刘琛君：《企业是否越大越好——浅谈企业规模效应与应变能力的权衡》，载《现代商业》，2010 (3)。

络，积累了更丰富的关系资源，形成了更大的品牌优势，从而有利于进一步把企业规模做大。

（2）融资能力。规模大的企业资信等级高，融资渠道多。

（3）抵御风险的能力。由于大企业一般从事多元化经营，资金相对雄厚，对外部环境的变化适应能力较强，因而抗风险能力也较强。

（4）研发能力。大企业有能力和实力组建优秀的科研队伍，而由此形成的科技领先地位，会进一步加强企业的竞争优势。

（5）员工归属感与成就感。工作倦怠程度与企业规模有关，小企业员工的倦怠程度高于中型规模企业员工，更远高于大型企业员工。[①] 这可能是因为企业规模一定程度上反映了分工程度、社会地位、社会归属感的高低等。因此，从另一个角度也可以看出，企业规模越大，员工的工作成就感也就越高。

## 4.3 代理人规模偏好的消极效应

世界 500 强企业的特色就是规模大，从这个角度可以看出，代理人的成就感和价值感在一定程度上会随着企业规模的扩大而提高。目前中国的企业家追求进入世界 500 强已经达到了一种狂热状态，表现得迫不及待。鉴于此需求，中企联开展的中国 500 强企业排名[②]也受到了企业家的热捧。

然而，企业的经济规模是受外部宏观环境、行业竞争状况及企业自

---

① 2005 年 8 月，受上海社会科学院委托，华东师范大学心理学系进行了一次“上海市员工工作倦怠现状”调查，涉及制造、金融、机关团体、特殊服务和文体科技等五大领域，得出了上文中的结论。

② 中国 500 强企业是自 2002 年起由中国企业联合会、中国企业家协会依照国际惯例，按销售收入或营业收入的大小进行自然排序产生的。

身实际情况等客观因素制约和决定的。如果抛开这些因素而盲目地执着于规模扩张，很可能会出现严重的问题和后果。有些企业为了把规模迅速做大，甚至到了“饥不择食”的地步——只要能扩充规模，统统吸纳过来拼凑航空母舰；只要能增加销售额，不计成本，赔钱也风光。即使是渐进式的规模扩张，如果超过一定限度也会导致经营范围过大，会加大摩擦成本，使有效控制范围缩小，因而规模经济效益难以实现。现实中，企业家往往因恐惧增长太慢而走向规模增长过速的极端。规模超常增长往往引发过度经营、资源紧张、融资结构和资本结构异化、管控失灵等一系列不良后果。除非经营者能够及时意识到这一后果并采取积极措施加以控制，否则非理性的加速扩张会以企业资金断链、支付能力不足等形式体现出来，使企业陷入增长困境，严重时会走向破坏性增长，甚至引致增长性破产。①

超常增长对企业家具有极大的诱惑力，但其后果也绝不容忽视。很多企业实践表明，超常增长或跳跃式发展往往会导致企业的衰退甚至毁灭。代理人的过度规模偏好，很容易忽视资源的有限性。任何增长必须以当期或未来期限净现值为正作为前提，也就是说，企业最终是要赚钱的。然而，过度规模偏好的经营策略，往往追求销售收入增长速度，不分情况地采取价格战等手段降低单位产品盈利能力。对销售增长的过度激励可能会带来大量应收账款，忽视了盈利的现金质量，使营运资本支出大幅攀升从而加大财务风险。如果不顾及自身财务状况而进行大规模投资扩张，不但会使公司财务资源变得紧张，而且很可能会出现资金链断裂。如果出现这种情况，对企业来说很可能会是灭顶之灾。在激烈的国际市场竞争中，企业如果一味求“大”，很容易陷入困境。公司管理

① 参见汤谷良：《管理增长——民营企业财务战略的首要任务》，载《财务与会计》，2008（6）。

者的过度规模偏好，会导致其经营行为偏离股东财富最大化，从而在管理者与股东之间出现利益冲突。利益冲突的表现结果就是公司绩效提升有限，甚至亏损破产。具体来说，代理人过度规模偏好会产生以下消极影响：

（1）规模过大的企业，因部门、层级相对较多，在信息传递过程中会出现“损耗”式、“加工”式、“理解”式的信息失真，这不仅会降低决策效率，甚至会产生南辕北辙式首尾失控。

（2）大规模企业要想保持活力与动力，必须分权管理。但如果分权不当，则容易形成“割据势力”，部门间各自为政；而集权虽然可以统一调配资源，但容易形成“一言堂”式的官僚体制。因而分权与集权是大企业在经营管理中必须面对和选择的关键。

（3）专业化分工是大规模企业提高效率的重要途径，然而分工使得部门间相对独立，造成沟通协调困难。而企业要想正常运营，就必须对各专业部门进行协调，协调过程会因程序烦琐而出现形式主义，这在一定程度上会降低企业运营效率。

（4）创新意识会随着企业规模的扩大而变弱。企业随着规模的扩大，以及实力、抗压能力、抗风险能力的增强，其危机意识会相对减弱，因而积极进取的创新意识也会随之下降。危机意识和创新意识的下降往往是企业衰败的开始。

（5）如果企业过分追求投资增长，就会形成规模庞大的固定资产，这不仅加长了固定资本折旧期，而且使得企业难以进行技术改造。一旦市场需求发生变化，后果将不堪设想。[①]

通过以上对代理人规模偏好的积极效应和消极效应的分析可知，企

---

① 参见刘琛君：《企业是否越大越好——浅谈企业规模效应与应变能力的权衡》，载《现代商业》，2010（3）。

业规模对企业发展及效益取得至关重要，但核心竞争力始终是企业稳健发展的最终决定因素。因而企业在规模扩张中，只有不断地培养核心竞争力，同时保持“适度规模”，才能成为真正强大的企业。

## 4.4　代理人规模偏好效应分析所带来的启示

（1）企业目标不可舍本逐末。企业经营目标的偏离和本末倒置迟早会使企业走向破产之路。现代企业要做到稳健经营，首先要确立以股东财富最大化为最基本目标。股东财富最大化指标在反映经营管理水平和经营业绩方面最具有综合性，这已为企业所有者和经营者所认识。① 随着现代企业的两权分离，许多经营者在实际运作中经常把经营规模放在更加重要的地位上，存在严重的规模偏好，因为经营规模可以为其带来更显著的货币及非货币收益。然而，扩大经营规模的首要目的应是实现规模经济，改进产品和服务结构，扩大盈利机会，在这种情形下，扩大经营规模只是一种手段。但如果将手段上升为企业的最终目标，不顾企业自身条件和素质，通过铺摊子、上项目，盲目追求外延式的扩大，很容易导致企业行为的异化和扭曲。如果企业聚集了过多质量较差的资产和项目，是很容易被市场淘汰的。这种情况尤其要引起我国企业的重视。由于历史和体制的原因，我国企业集团一般是先有子后有母，而且存在行政干预情况，因此更要处理好规模与效益的关系。

（2）股东财富最大化要以价值的可实现性和变现能力为前提。在确立了企业的基本目标之后，现金流量也必须引起高度重视。不少大企业陷入经营困境甚至倒闭破产并非由于资不抵债，而是由于暂时的资金周

① 参见蔡来兴、李湛：《全球 500 强》，460～461 页，上海，上海人民出版社，1999。

转困难。“现金为王”已经成为企业成功经营的重要法宝。企业必须坚持一手抓利润，一手抓现金，并将二者放在同等重要的位置。在经营过程中，要加速回收销售资金，加强对应收账款的管理；同时要优化财务结构、资产结构、投资结构，提高资产变现能力。

（3）规模不等于效率。规模是效率的必要条件，但不是充分条件。企业规模只有与竞争力结合起来才有实际意义。同时理解规模经济必须动态化，规模经济的大小一般会随着产业生命周期的发展而发生变化，但这些变化未必均匀地出现在企业的所有活动中。有时，规模经济不是导致公司规模的直接扩大，而是激发某一产业的重新配置或某一具体专业厂商的出现。技术进步的日新月异决定了规模经济概念的动态化，也意味着公司的有效规模应处于不断调整之中。[①] 同时制度也是决定规模经济的重要因素，规模经济的实现受内、外部条件共同影响。从外部条件看，一国经济发展水平、市场容量、交易效率等因素对规模经济起着决定性作用。从内部条件看，管理水平是影响规模经济实现的重要因素。“经济规模”不仅是技术概念，而且是体制和机制概念，企业要真正做大做强将是一个系统工程，它需要企业和政府的共同努力。

以上分析表明，对企业来说，规模是一把双刃剑，运用得当可以创造巨大的财富，反之，追求过度，就成为毁损价值的最大元凶。

① 参见罗谨：《对企业规模的再认识》，载《现代经济探讨》，2000（10）。

# 第5章

# 委托人与代理人目标融合的理论分析及相关文献回顾

大量企业实践证明，在激烈竞争的市场中，企业家（代理人）是决定企业成败的关键权利主体，因而对其地位和权利应高度重视。但公司是由具有不同“权利利益”的多方权利主体组成的，任何一方权利的过度膨胀，都会损害其他权利主体的利益，最终导致公司难以生存和持续发展。由上文的论述可知，委托人追求股东财富最大化，而代理人则追求企业规模最大化，虽然二者的目标在一定程度上具有内在相关性，但同时也存在着一定偏差。如何减小这种偏差，最大限度实现委托人与代理人的目标融合，是本研究要探讨的重要问题。

## 5.1　委托人与代理人目标融合的理论基础

实现二者的目标融合有其理论逻辑：第一，委托人与代理人拥有不同的产权，而双方都需要对方的产权。股东需要经营者的才能，经营者需要股东的资本使用权，这样双方都有需要动机，进而有了博弈的机会。第二，双方都可以从交易中得到好处，互利互惠，优势互补。第三，通过二者目标的融合，不仅可以降低双方的交易费用，而且可以提高公司的整体效用。股东与经营者或者通过股票市场，或者通过公司内部组织结构发生直接或间接的关系。由于二者目标的实现具有相互依存性，所以比较理想的状态就是通过构建恰当、有针对性的激励约束机制，以最小的成本使二者目标最大限度地融合，实现共赢。在实践中，代理人的规模偏好应该是适度的，规模不足会影响企业资源的合理配置，而过度追求规模则会增大企业风险和经营者腐败的可能性。公司是在追求合理规模与反追求过度的动态博弈中平衡发展的。对于如何实现委托人与代理人的目标融合，世界各国已经产生了很多具有借鉴意义的理论与文献研究成果。

### 5.1.1　人性假设理论

研究对代理人的激励与约束，首先要研究人性。对人性的不同假定形成了不同的激励约束出发点、方式和手段，形成了不同的组织资源配置模式。美国心理学家和行为学家埃德加·沙因（Edgar H. Schein，1965）在前人研究的基础上，把人的特性理论归纳为四种假设：

5.1.1.1　经济人假设

经济人假设又被称为 X 理论[①]，是西方经济学和泰勒科学管理理论的出发点，是古典经济学和管理学关于人性的假设。经济人假设起源于享乐主义，认为人的一切行为都是为了获得最大的经济利益，工作的目的是为了获得经济报酬。经济人假设利用人的这一经济动机来引导和管理人们的行为，是一大创新。它开创了对人的激励从内在动机出发而不是一味压迫、规制的方式。经济人假设主张，用物质金钱对人进行激励，调动其积极性，而对于怠工者给予严厉惩罚，抵制其消极行为。泰勒制主张用胡萝卜加大棒的办法对人进行激励约束，是典型的“经济人”假设的代表。

5.1.1.2　社会人假设

梅奥（Magyo）等人依据霍桑试验的结果提出了社会人假设。这一假设认为，社会上的人是作为某一集团或组织一员的社会人。社会人不仅要求较高的收入、较好的生活水准，而且他们还有七情六欲，需要得到友谊、安定和归属感，并且需要得到尊重。由于人是社会人，有社会需求，因此如果组织能够满足人的这种需求，那么他们的情绪就会高涨，生产效率也就越高。这一理论致力于建立融洽的人际关系，提高组织士气，鼓励交流，培养归属感，对西方的组织管理方式有很大影响。诸如建立劳资联合委员会、实行利润分成等措施的推行，收到了较好的效果。[②]

5.1.1.3　自我实现人假设

自我实现人假设在很大程度上是依赖于心理学家马斯洛

① 经济人假设是由美国工业心理学家麦格雷戈（D. McGregor）于 1960 年在其所著的《企业中人的方面》中提出的，又被称为 X 理论。

② 参见张德：《组织行为学》，39～40 页，北京，高等教育出版社，2004。

(A. H. Maslow) 的“需要层次论”提出的。马斯洛需要层次理论中的自我实现的需要、麦格雷戈的 Y 理论、阿吉雷斯 (Chris Argyris) 的“成熟不成熟”理论中所谓成熟的个性理论，在本质上与自我实现人假设是相同的。这一假设认为，除了物质和社会需求之外，人们还想充分发挥自己的各种特长与潜能，从而实现自我价值的需要。实际上，心理学、行为学早已证明，当人们在做自己十分感兴趣的事时，那种投入和效率才是真正一流的。然而，企业毕竟是一个投入产出的有机整体，在企业既定目标下，个人的自我实现并不是海阔天空、漫无边际的，而是有一定的约束。根据此假设，对人的激励方式主要以内在激励为主、以外在激励为辅。内在激励源于工作本身，而外在激励来自物质利益、关系资源等。因而应给予代理人更多的经营自主权、决策权，让代理人在挑战性的工作中最大限度地发挥自己的潜能，进而满足自我实现的需要。

5.1.1.4 复杂人假设

20 世纪 60 年代末 70 年代初，埃德加·沙因 (1965) 等人经过长期研究，提出了复杂人假设。复杂人假设认为，以往的人性假设有其合理的一面，是时代背景的客观反映，但过于简单和绝对化。由于人是复杂的，人的需求随着各种变化而变化，因此要注重人的个性差异，针对不同需求灵活运用激励约束措施。在现实生活中，人的个性、需要、能力各异，对相同的激励约束组合会有不同的反应。根据复杂人假设，必须采取灵活多变的激励约束措施，审时度势，对人的需要因势利导。美国管理心理学家约翰·摩尔斯 (John Malse) 和杰伊·洛希 (Jay W. Lorsch) 于 1970 年提出了“超 Y 理论”，其思想观点和复杂人假设如出一辙，它们共同构成权变学派的理论基础。

以上关于人性假设的理论，从不同角度对人性进行了精彩阐释，对激励约束机制的设立与实施有重要的参考价值。然而在现实生活中，“人性”的复杂程度、善变程度远不止于此。但无论如何，这些人性假设都有其重要的理论和现实启示：人的需求是复杂、多元且多变的，因而如何全面、客观、动态地识别人的需求是有效激励约束的前提；而不同的激励约束理论与措施，不仅反映了人性认识上的差异，也是与生产力发展水平、经营者的生活水平及受教育程度相联系的。

### 5.1.2　行为理论

行为理论产生于 20 世纪 50 年代，是专门研究人类行为客观规律的综合性学科。行为理论是通过心理学、社会学、生理学、政治学、人类学、管理学、经济学等学科的研究成果和基本理论，来研究人的行为产生的原因和影响因素，并根据人类行为的规律来调整人与人之间的关系，提高对行为的预见性和控制能力。行为理论的目的是引导和激励人们充分发挥主动性、积极性和创造性，从而最大限度地利用人力资源来提高经济效益。自 20 世纪 40 年代由梅奥创立的行为理论应用于企业管理之后，即体现出与传统管理理论明显不同的特点，它着重于企业管理中如何有效地进行“激励”与“领导”。① 行为理论中关于人的行为过程的激励模式如图 5—1 所示。

人类行为的始点是需要。需要是人们对某种事物或目标的渴求和欲望，包括基本需要和各种高层次的需要。② 除最基本的需要外，人的其他需要往往不是独立内生的，而是受环境影响的，同时也受外部激励因素影响。当需要未得到满足时，人在心理上会产生不安和紧张状态，这

---

① 参见张涛、王丽萍：《股权结构、激励机制与治理效率研究》，94～95 页，北京，中国财政经济出版社，2008。

② 基本需要如衣、食、住、空气等；高层次需要如社交、自尊、地位、成就、自我实现等。

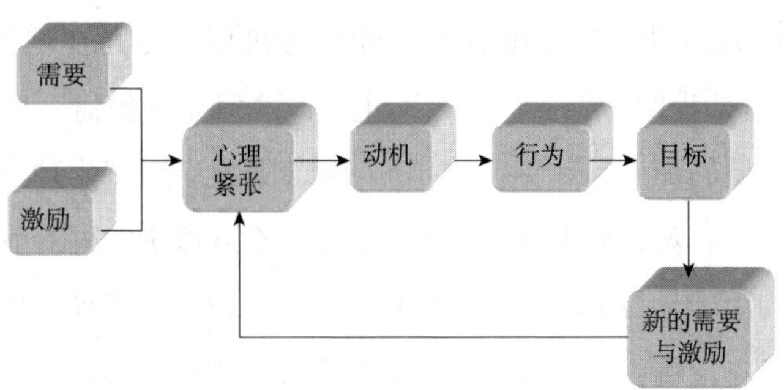


**图 5—1　行为理论关于人的行为过程的激励模式**

种状态会促成一种导向某种行为的内在驱动力，这就是动机。动机是诱发、活跃、推动并引导行为指向目标的一种内在状态。当有了动机之后就会导致一系列寻找、选择、接近和达到目标的行为。如果行为达到了目标，就会产生心理和生理上的满足。原有的需要满足了，新的需要就会产生，从而激励因素也应改变，继而引发新的行为，如此周而复始。

行为理论根据其内涵又可以分为以下几种类型：

#### 5.1.2.1　内容型激励理论

（1）需要层次论。马斯洛（1954）的“需要层次论”认为，人类的需要由低到高可分为五个层次，如图 5—2 所示。

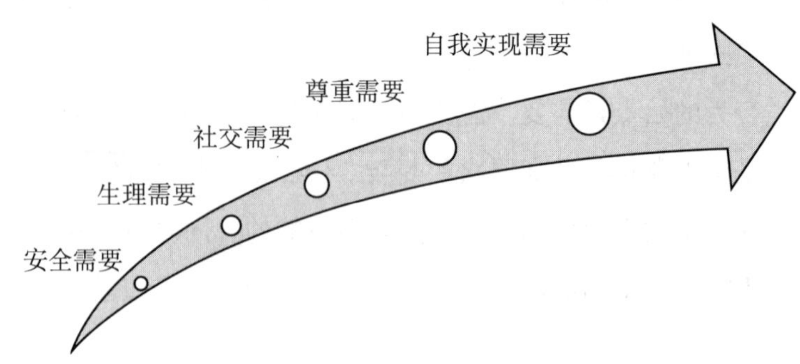


**图 5—2　需要层次图**

马斯洛认为，人只有较低层次的需要得到了满足，才能产生更高一级的需要，因此，只有当较低层次的需要得到充分满足后，后面的需要才具有激励作用。[①] 奥尔德弗（Aldefer，1969）对马斯洛的论点进行了修正。他认为，人的需要分为三种，即生存的需要，包括生理与安全需要；相互关系与和谐的需要，包括有意义的人际关系；成长的需要，包括人类潜能的发展、自尊和自我实现。奥尔德弗的三层次需要论与马斯洛的五层次需要论的不同点在于：奥尔德弗认为人的上述三种需要并非天生的，如成就的需要就是后天习得的；人的需要层次不仅有满足与上升的一面，而且有挫折与倒退的一面，即人在较高的需要得不到满足时，会把欲望放在较低的需要上。并且，人的需要层次也不是严格逐级排列的，而是可以越级的。[②]

（2）双因素理论。赫兹伯格（Herzberg）的“双因素理论”把马斯洛的五个层次的需要概括为两类需要，并认为满足这两类需要有两种因素，即“保健因素”和“激励因素”（见表 5—1）。当员工对工作觉得满意时，则往往归因于激励因素；而当他们感到不满意时，则常常归因于保健因素。

**表 5—1　双因素中的激励因素与保健因素**

| | |
|---|---|
| 激励因素 | 成就、承认、工作本身、责任、晋升 |
| 保健因素 | 监督、公司政策、与监督者的关系、工作条件、工资、同事关系、个人生活、与下属的关系、保障 |

与传统观念不同的是，满意的对立面不是不满意，而是没有满意；不满意的对立面也不是满意，而是没有不满意。赫兹伯格认

① 马斯洛需要层次理论亦称“基本需要层次理论”，是行为科学的理论之一，由美国心理学家亚伯拉罕·马斯洛于 1943 年在《人类激励理论》这篇论文中提出。

② 详见奥尔德弗于 1969 年发表的《人类需要新理论的经验测试》一文。

为，要想真正激励员工，就必须增加工作满意感，要去改善激励因素。赫兹伯格同时认为，对人的激励，既要重视保健因素的改善，更要重视工作本身必须富有竞争性和挑战性，要想方设法去掉老一套的陈规旧习，使员工做好工作后能有成就感，有提升、成长和发展的机会。

麦克莱兰（McClelland）的成就需要理论①指出，高成就需要的人具有事业心强、勇于承担风险的特性，成就带给他们的精神鼓励会超过物质鼓励。麦克莱兰认为，成功的概率太低或太高一般都不会吸引人，而有一半成功机会的任务则往往最能激励人去争取成功。成就需要理论的价值在于：它能使管理者知道某些人为什么会作出这样或那样的行为；使管理者懂得成就的需要是企业中的重要动力。如果把高成就需要的人放在工作岗位上，工作的挑战性就会引起成功的动力，而这种动力又会激发出致力于成就的期望。相反，如果把有高成就需要的人放在一般的、没有挑战性的岗位上，则成就的动机就有可能激发不出来，从而使很多人的聪明才智被埋没、受压抑，在这种情况下，就不可能期望他们出色地完成工作。②因此，麦克莱兰认为，具有高成就需要的人越多，对企业来说取得的经济效益就越大。

#### 5.1.2.2 过程型激励

有效的激励还需要科学正确的激励行为，而过程型激励理论的研究

---

① 哈佛大学心理学家麦克莱兰提出的“成就需要理论”认为，人的所有动机都是由需要引起的，尽管人的动机可按影响行为的潜力的程度来排列，而行为却是因人而异的。一项有挑战性的任务会引起某些人的兴趣，而对另一些人则不一定如此。前一类人对工作任务有强烈的成就感，只要稍微触动一下他们的期望，他们就会竭尽全力去完成。

② 参见张涛、王丽萍：《股权结构、激励机制与治理效率研究》，98～100页，北京，中国财政经济出版社，2008。

重点就在于根据人的行为特点，采取科学的激励措施来实现有效激励的效果。过程型激励理论有期望值理论、公平理论和波特-劳勒的激励模型。

(1) 期望值理论。这个理论是美国心理学家弗罗姆（V. Vroom）提出的。其基本观点是，人从事某项工作的动因是该工作会帮助他们达成自己的目标，满足某方面的需求。弗罗姆认为某项活动对某人的激励力取决于该活动结果给此人带来的价值以及实现这一结果的可能性。用公式可以表示为：

$$I=V\cdot E \tag{5.1}$$

式中，$I$ 表示激励力，即个人对某项活动的欲望程度；$V$ 表示效价，即活动结果对个人的价值；$E$ 表示期望值，即个人对实现这一结果的可能性的判断。这个公式是整个期望值理论的核心内容。它指出了影响激励力的两个关键因素即效价和期望值。它们对激励力的影响如图 5—3 所示。

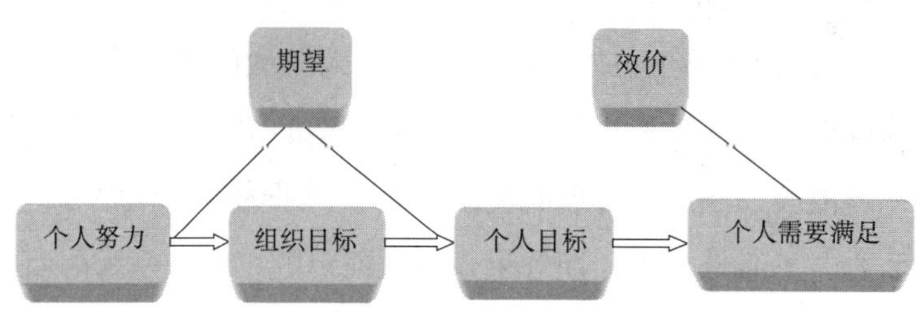


**图 5—3　效价和期望值对激励力的影响**

资料来源：芮明杰：《管理学——现代的观点》，279～280 页，上海，上海人民出版社，2003。

图 5—3 的效价就是组织目标连接的个人目标所能带来的个人需要满足的程度。期望值是以下两个方面的乘积：一是个人经努力后能达到组织目标的概率；二是组织目标能实现个人目标的概率。效价和期望值越高，对人的激励越强；反之，对人的激励则越弱。

（2）公平理论。美国心理学家亚当斯（J. S. Adams）于 20 世纪 60 年代提出了公平理论。[①] 该理论主要讨论报酬的公平性对人们工作积极性的影响。其基本观点是，个人会自觉或不自觉地将自己付出与所得的报酬和心目中的参照系比较。这种比较可用以下公式说明：

$$\frac{Q_p}{I_p}=\frac{Q_x}{I_x} \tag{5.2}$$

式中，$Q_p$ 是自己对所获报酬的感觉；$I_p$ 是对自己的付出的感觉；$Q_x$ 是对参照系的报酬的感觉；$I_x$ 是对参照系的付出的感觉。

这里的报酬和付出[②]都是客观事物经过主观的加工处理后所得到的印象，因而不同的人对同一种报酬和付出可能会产生不同的感觉。公平理论第一次把激励和报酬的分配联系在了一起，说明人是要追求公平的，从而提示了现实生活中的许多现象。

（3）波特-劳勒的激励模型。波特（L. W. Porter）和劳勒（E. E. Lawler）在期望值理论和公平理论的基础上发展出了一个更全面的激励模型，如图 5—4 所示。

从图 5—4 的模型中可以看出，要想对人的激励产生有效的预期效果，就要综合考虑一系列相关因素，诸如科学的组织目标、明确的组织分工、完善的奖励制度、合理的奖励内容、公平的考核程序等。由于现实中的激励并不必然产生预期效果，不是简单的逻辑关系，因而一定要关注激励给个人带来的满意度，以此对下一轮的激励进行调整。波特和劳勒的激励模型是迄今为止一种比较全面的激励模型，其中的许多观点已被相当多的人接受和采用，并取得了很好的效果，但在实践中也存在

① 公平理论也被称为社会比较理论。

② 这里的报酬包括工资报酬、组织对其的承认和尊重程度、职位的提升、人际关系的变化及其心理上的报酬（如感到被承认、更安全、更快乐）等；所谓的付出可以包括时间、教育、经验、努力程度和负责精神等。

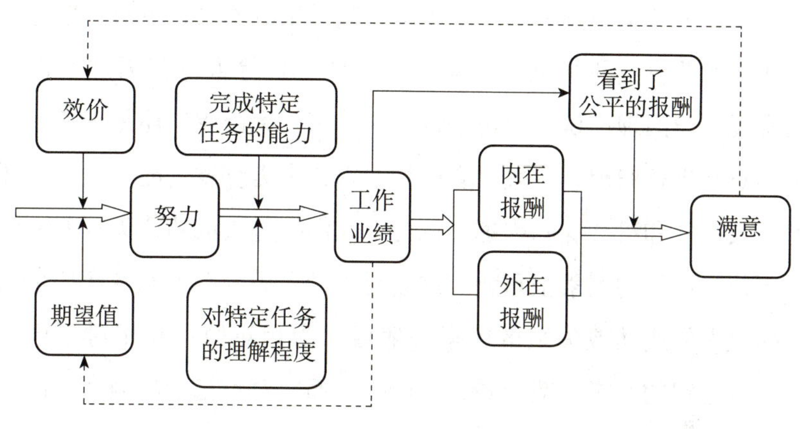


**图 5—4　波特-劳勒的激励模型**

资料来源：芮明杰：《管理学——现代的观点》，281～282 页，上海，上海人民出版社，2003。

不少问题，如难以确切地对效价和期望值加以说明等。

5.1.2.3　行为改造型激励理论

(1) 强化理论。美国心理学家斯金纳（B. F. Skinner）提出的强化理论[①]认为，人和动物都有“趋利避害”的行为取向，他们会重复对自身有利的行为，而会减少对自身不利或有害的行为。强化理论主要强调人和动物的本能反应，只涉及刺激—行为的关系，而这种“刺激—行为”会产生类似心理学中“条件反射”的效果，这一形成条件反射的过程被称为“强化”。那么在激励过程中可以对这种“强化”行为加以利用，对那些有利于实现组织目标的行为予以正强化，即提供相应的物质与精神奖励；而对那些有悖于组织目标的行为进行负强化，即采取相应的惩罚措施。正强化和负强化在具体的应用过程中，其频率、强度都应因人、因环境、因组织目标的不同而有所差异。

① 强化理论是由斯金纳首先提出的。斯金纳最初把它应用于训练动物，后来将它进一步发展并应用于人类的学习，现在又进而广泛地将它应用于激励人和改造人的行为。

（2）归因理论。归因理论是美国心理学家海德（Heider）率先提出的，而在海德研究的基础上，罗斯（L. Ross）等人对归因理论进一步加以发展。归因理论认为，对于过去的经历，无论成功还是失败，人们通常会对此进行归因。一般会有四种原因：努力程度、能力大小、任务难度以及运气和机会。归因理论认为，人们把过去成功或失败的原因最终归于什么性质的因素很重要，这会对人们今后的努力态度产生重大影响。导致人们成功或失败的因素一般可分为相对稳定和相对不稳定两种。相对稳定的因素一般很难人为改变，而相对不稳定的因素可以通过人为努力加以改变。如果认为是相对稳定的因素导致了自己的失败，那么人们就会放弃努力；反之，人们会重拾信心，努力再来。[①] 归因理论在激励过程中的作用体现在，引导人们从失败中积极地寻找相对不稳定的因素，激发努力的热情，争取下一次的成功。

（3）挫折[②]理论。挫折理论专门研究人们遇到挫折后会有什么行为反应。该理论提出，在人们遇到挫折及打击时，如何引导其采用积极的态度，而避免消极甚至对抗情绪的出现非常重要。对经受挫折及打击的人可以采用心理干预、变换环境等多种方法加以开导和鼓励，这样做的目的是使之重新振作，回到积极的行为方向上。

### 5.1.3 激励相容理论

威廉·维克里（William Vickrey）和詹姆斯·米尔利斯（James Mirrlees）由于在研究中引入“激励相容”概念，开创了信息不对称条

---

① 努力程度是相对不稳定的内因；能力大小是相对稳定的内因；任务难度是相对稳定的外因；运气和机会是相对不稳定的外因。

② 挫折是一种普遍存在的社会心理现象，任何人一生中不可能事事一帆风顺，因而挫折的产生是不以人的意志为转移的。在面对挫折时，有的人采取积极态度，但有的人却采取消极态度，甚至是对抗态度。

件下的激励理论——委托代理理论，因此获得了 1996 年度的诺贝尔经济学奖。维克里和米尔利斯指出，因代理人与委托人目标函数不一致而会出现两种代理问题，即逆向选择和道德风险。为解决此类问题，委托人需要设计一种体制，对委托人与代理人的利益有效“捆绑”，以激励代理人采取最有利于委托人的行为，从而委托人利益最大化的目标能够通过代理人的效用最大化行为来实现，即实现激励相容。[①]

赫维茨（Hurwiez）在其所创立的机制设计理论中也对“激励相容”进行了阐释。赫维茨指出，在市场经济中，每个理性经济人都会有自利的一面，基于此，个人一般会按自利规则行动；而如果每个人都按自利规则行动，组织目标就难以实现。所以可以设计一种制度，这种制度能使个人在追求自己利益的同时，也实现了集体价值最大化，从而个人目标与组织目标相一致，而这种制度，就是“激励相容”机制。按照传统的委托代理理论的激励观点，由于存在着信息不对称，应该通过一种分配制度来使代理人的努力收益和其经营业绩联系起来。例如，可通过报酬激励方式，如计件工资、年薪制和股票期权计划等，激发其努力敬业。但卡伦·莱格（Karen Legge，1978）指出，应该采用社会科学的观点研究人的价值取向问题，即不能只将人看作是“经济人”，不能认为个人追求的价值仅仅停留在“物质利益”的层面上，而应该将其看作“社会人”，将人所追求的价值内容延伸到道德伦理、价值观、信仰理念等多种精神因素。公司的动力归根到底来自公司各利益主体在公司统一目标下实现自身利益的动机和动力。

激励相容机制就是针对不同的对象，采用恰当的方式去激励，包含两种含义：一是在激励中应该为人们提供效用最大的需要满足。二是在

---

① 这里委托人与代理人的关系是泛指任何一种非对称交易或关系，交易或关系中拥有信息优势的一方称为“代理人”，不拥有信息优势的一方称为“委托人”。

激励中应努力以较小的激励成本取得较大的激励效果。激励相容原则是根据人的需要制定的，因此，最重要的工作是要了解和掌握人的需要。为了使激励有效，只有识别人的需要，搞清楚代理人最需要什么，要有多大程度的奖励，才能有针对性地以最小的成本提供最大的需要满足，从而做到激励相容。

### 5.1.4 需要理论对激励相容理论的贡献

传统的需要理论虽然存在种种缺陷，但仍然对识别代理人的需要具有重要启发和指导意义：

（1）需要的多样性。人的需要既有物质的，也有精神的，很多情况下是多种需要并存。需要在不同人身上所体现的激励效果有所不同，因为人的需要层次具有多样性，需要内容具有复杂性，而且需要程度、需要数量等也不同，因而激励时也应手段多样，因人而异。

（2）需要的动态性。在需要方面，人是非常善变的。当一种需要得到满足时，会紧接着产生另一种需要，这也就是常说的“不知足”。但在某一时期，人们都会存在相对迫切的“主导需要”，只有针对“主导需要”采取相应措施，激励效果才会显著。

（3）需要的潜在性。有时，人的一种需要会隐藏在另一种需要之下，显露在外的需要并不是最主要的需要，而隐藏起来的才是真正的需要。因此，激励工作应该具有前瞻性，应适时推出新的激励措施以提高激励效果。

## 5.2 相关文献研究

如何有效激励及约束代理人，促使代理人目标与委托人目标最大限度地融合，对于提高公司的运营效率具有重要的理论与现实意义。为此各国学者做了大量的研究，总体上称之为激励约束机制。所谓激励约束机制，指的是委托人（股东）或者利用法律及公司章程，或者借助市场竞争的自发选择，或者通过制度设计等来实现对代理人（经营者）的激励约束，从而降低代理成本的各种机制和制度安排的总称。对于如何设计激励约束机制，有两种不同的观点。一种观点认为，主要依赖于企业内部激励约束机制的设计就可以解决委托代理问题。持这一观点的代表性人物有霍姆斯特隆（Holmstrom）、克拉克（Clarck）、梯若尔（Tirole）和拉德纳（Radner）等。另一种观点则认为，主要凭借市场机制就可以解决代理问题。持这一观点的代表性人物主要有德姆塞茨、法玛、哈特和谢勒（Scherer）等。[①] 事实上，在现实的企业运行中，这两类机制是结合使用的。我们对现有的文献也主要从内部激励约束机制与市场机制两个方面来评述。

### 5.2.1　内部激励约束机制

内部激励约束机制是在企业可控的内部资源范围内，用来实现代理人与委托人目标融合的机制的总称。内部激励约束机制主要包括激励合约设计、董事会建设等。

#### 5.2.1.1　激励合约设计

激励合约是通过在委托人与代理人之间订立隐性或显性合约，把对代理人努力的补偿建立在客观的财务指标上，从而使代理人在一定程度上按照投资者的利益行事的一种激励手段。[②] 激励合约设计的基础是，

---

① 参见吴冬梅、边文霞：《公司治理概论》，21～22 页，北京，首都经济贸易大学出版社，2006。

② 参见郑志刚：《公司治理机制理论研究文献综述》，载《南开经济研究》，2004（5）。

与代理人行为正相关的业绩衡量必须在法律上是可证实的。詹森和麦克林（1976）以及法玛（1980）认为激励合约可以采取年薪、奖金、股票、股票期权或辞退威胁等多种形式。贝克、吉本斯和墨菲（Baker，Gibbons and Murphy，2000）指出，在设计激励合约时，要同时考虑正式和关系性合约的收益和成本。贝克、詹森和墨菲（Baker，Jensen and Murphy，1988）对报酬与激励的一些理论问题作了阐述，如主观绩效、客观绩效提升作为一种激励制度以及公司内部利润分享计划的有效性。加伦（Garen，1994）以委托代理理论为基础建立了一个模型。他发现经理的报酬结构是激励与风险权衡的结果，这与标准的委托代理理论相一致。国内一些学者对管理层报酬激励与公司绩效的研究得出了不同的结论：一种结论是管理层报酬激励与绩效不相关（王国强，1998；袁国良、王怀芳、刘明，2000；李增泉，2000；魏刚，2000；高明华，2001；于东智、谷立日，2001；陈朝龙，2002；张宗益、宋增基，2003；胡铭，2003；常健，2003；徐二明、王智慧，2000；耿明斋，2004）；另一种研究结论是管理层的报酬激励与公司绩效存在显著相关性（刘国亮、王加胜，2000；吴淑琨，2002；陈志广，2002；于东智，2003；许承明、濮卫东，2003；张俊瑞、赵进文、张建，2003；周兆生，2003；阴长霖，2004；陈震，2008）。

5.2.1.2　董事会建设

詹森（1993）指出，董事会规模应向“小”的方向发展，而在构成方面，应以外部董事[①]为主，仅保留CEO一个内部董事即可。法玛和詹森（1983）指出，外部董事一般很在意自己的声誉，因而相比内部董

① 外部董事是与内部董事相对而言的。美国是这样界定外部董事的：除了董事的身份外，外部董事与公司既没有职业上的关系，也没有业务上的联系；他既不是经营班子的亲戚，也不是公司的前雇员。外部董事也称兼职董事，是指主要工作或活动在公司之外、兼任公司董事的董事。

事，一般会更认真地履行勤勉和监督义务，更有可能会遵守“受人之托，忠人之事”的原则。诺埃和雷贝洛（1997）则从董事会构成角度考虑，并得出外部董事占大多数足以导致有效率的资源配置的结论。亚当斯（1999）从减少冲突的角度出发，认为德国式的双层董事会治理结构要优于美国式的混合董事会治理结构。

### 5.2.2 外部激励约束机制

外部激励约束机制是指在公司可控资源范围之外，但依然对代理人与委托人的目标融合有促进作用的机制总称，一般包括法律、市场机制等。

5.2.2.1 法律

法律对代理人具有明显的约束作用。世界上大多数国家都有公司法，作为公司运作的依据。而有些拥有资本市场的国家，则有证券法，用来规范与约束公众公司的行为。施莱费尔和维什尼（1997）认为，对代理人的激励约束机制不仅是经济问题，而且是法律问题，甚至是减少代理人对委托人“剥削”的政治问题。对委托人与代理人合约权益的规定、解释和实施离不开法律的保护。法律途径在激励约束机制中处于基础性地位。伊斯特布鲁克和菲谢尔（Easterbrook and Fischel，1983）认为，股东最重要的法律权利在于对公司重大事件具有表决权，在法律上而言，对这些问题经理层（包括董事会成员）没有决策权。拉波特、洛佩斯德赛兰斯、施莱费尔和维什尼（La Porta，Lopez-de-Silanes，Shleifer and Vishny，1997，1998）指出，不同法律体系对投资者、债权人的保护程度是不一样的，而这种差别会影响各国资本市场的规模及各国公司的股权结构。罗（Roe，1990）认为美国法律体系对金融机构投资的分散化及对金融机构规模的限制，导致了公司股权的分散化，这进一步促成了所有权与经营权的分离，进而将公司的控制权转移给了经理。伊斯特布鲁克和菲谢尔（1991）指出，法律要求经理与董事对股东有忠诚的义务，这是因为股东在整个公司架构中可能处于最不利的地位。而且，他们将公司法视为所有企业参与人之间“签署”契约的一个部分。帕加诺和沃尔平（Pagano and Volpin，1999）证明，大多数国家的法律对员工的保护和对投资者的保护负相关，会有“顾此失彼”现象，因而法律是在保护员工和投资者之间的一种政治妥协和平衡。然而，由于经理人[①]向投资者所担负的诚信责任在法律上难以证实，詹森（1993）无奈地指出，法律、政治和管制系统在约束经理人的挥霍行为时，并不是一件十分锋利的武器。

#### 5.2.2.2　市场机制

很多学者对于市场竞争在提高效率、激励约束经营者方面的作用做了研究。法玛（1980）指出，经理人员市场、资本市场和产品市场上的竞争能够对经理行为产生约束作用。哈特（1983）认为，市场中创业型企业的增加可以减少管理人员的懈怠情况。如果生产率的提高与竞争对手相关，竞争对管理者的努力程度有积极影响（Vickers，1985）。竞争加剧一方面会减少利润，但另一方面也会增加压力（Willing，1987）。[②]市场竞争不仅可以改善整体经济效率，同时对经营者也具有较强的激励约束作用。然而，市场竞争机制是一种事后控制力量，它发挥作用的时间滞后且缓慢。而面对千变万化的市场，这种滞后的激励约束往往是“亡羊补牢”，为时晚矣，最终的代理问题可能已经造成不可弥补的重大损失。

---

① 这里的经理人包括董事在内。

② 竞争加剧一方面会减少利润，不利于促使管理者努力工作；但反过来也会增加压力，促使管理者努力工作。

马里斯（1963）指出，产品和要素市场的失败可以通过公司控制权市场加以纠正。格罗斯曼和哈特（1980）认为，收购机制可以间接实现委托人与代理人重新签订缔约。法玛（1980）以及法玛和詹森（1983）指出，代理人对声誉的关注，对其自身行为是强有力的约束。詹森和鲁巴克（Jensen and Ruback，1983）把控制权市场视为经理人员市场的一个重要组成部分，"它成为不同的管理团队竞争控制公司资源权力的竞技场"。施莱费尔和维什尼（1986）指出，并购成功的必要条件之一是，并购者能够战胜被并购方代理人的"反并购"措施。施莱费尔和维什尼（1988）认为，并购同样是并购发起方代理人扩大自己控制范围最为迅速与便捷的方式。[①] 詹森（1993）指出，并购可以缓解生产能力过剩和退出困难等问题，在宏观经济增长和产业发展层面具有重要的现实作用。[②] 吉本斯和墨菲（1992）研究指出，对工人最优的激励合约设计包括隐性激励（如声誉）和显性激励（如年薪、股票期权）在内的总的激励。霍姆斯特龙（1999）考虑了企业与个体基本偏好的不一致，指出对未来职业的关注可能有利有弊，这主要取决于企业与个人利益的协调程度。

青木昌彦和钱颖一[③]认为内部人控制是转型国家公司治理的普遍现象，因此迫切需要建立起对企业的外部监控机制。张维迎（1992）指出："代理人索取剩余是对正宗公有经济的一种帕累托改进。"李维安（2005）认为，国企激励的核心是将经理对个人利益的最大化追求转化为对公司利益的最大化追求。股权激励使企业核心人力资本通过获得公

---

① 这将产生新的代理成本，造成社会资源的浪费。

② 除了詹森所论述的作用，接管的一个十分重要的客观效果是，与接管活动相伴随的经理人被辞退的危险，迫使经理人能够从股东的利益出发，追求企业价值最大化。

③ 20 世纪 90 年代，青木昌彦和钱颖一于《转轨经济中的公司治理问题研究》一文中，从比较的、历史的角度分析了转型经济中的公司治理结构改革。

司股权赋予的经济权利，以股东的身份参与企业决策、共享利润、共担风险，使他们能够从公司的长远利益出发，更加勤勉地为公司的发展服务。

张维迎（1998）[①] 指出，无论是从正式、显性的激励机制来看还是从非正式、隐性的激励机制来看，中国的国有企业在解决经营者的短期激励上都是比较成功的，但是它并没有解决经营者的长期激励问题和经营者的选择问题。其根本原因在于国有企业的经理是由政府官员而非资产所有者选择的。政府官员有权选择经理却不必为之承担责任，因此他们没有足够的动力去发现和任命真正有能力的经理。[②]

除以上对代理人激励约束机制进行研究的文献外，还有相关文献对此进行了如下研究，研究内容及结论如表5—2所示。

**表5—2　有关代理人激励约束机制的研究文献**

| 研究者 | 年份 | 研究内容 | 结论 |
|---|---|---|---|
| 蹇明 | 2006 | 考察了企业家控制权的成长规律 | 控制权机制与报酬机制具有替代关系 |
| 张兆国、宋丽梦等 | 2005 | 经营者持股比例、融资比例、第一大股东比例等与股权代理成本的相关性 | 资本结构对股东与经营者、债权人间的契约有重要影响，经营者持股能有效降低代理成本 |
| Zattoni | 2009 | 股权激励方案的契约结构变量及其效果 | 股权激励类型、股票来源、行权价格、时间等结构变量的选择对其实施具有显著影响 |
| Baker, Jensen and Murphy | 1988 | 对主客观绩效提升作为激励制度及公司利润分享计划的有效性进行了研究 | 公正、公平、道德、信任、社会责任和文化等因素会对激励产生重要影响 |

① 详情请参阅张维迎《从公司治理结构看中国国有企业改革》一书。

② 张维迎还指出，以国有股为主导的公司化改革并不能解决国有企业的这些弊端，必须对国有企业和国有银行进行民营化改革。张维迎强调非人力资本所有者的金融模式论，主张构建从公司外部借助于金融力量对团队道德风险实施惩罚的治理机制。

续前表

| 研究者 | 年份 | 研究内容 | 结论 |
|---|---|---|---|
| Jensen and Murphy | 1990 | 影响 CEO 报酬与公司绩效关系的因素 | 公众和政治力量是导致 CEO 报酬与绩效敏感度差的原因 |
| Jensen and Meckling | 1976 | 对管理者股权多少与公司绩效的关系提出了利益收敛假设 | 管理者股权的提高可降低其与公司整体目标不一致的情形，使公司绩效得以提升 |
| Jensen and Ruback | 1983 | 对管理者股权多少与公司绩效的关系提出了利益掠夺假设 | 管理者持股越多，职位越有保障，其支出偏好或怠惰的行为会越严重 |
| Stiglitz | 2000 | 从所有权、报酬、监督三方面对有效的委托代理机制进行了研究 | 有效的激励约束有：给经理部分所有权；实施激励性报酬；利用会计体系对代理人实施监督 |
| Stiglitz and Weiss | 1981 | 借助"信贷市场模型"对企业举债情形下的企业家道德风险问题做了分析 | 适度确定债权比重可以减少经营者与所有者预期目标相悖的逆向行为 |
| Morck | 1988 | 经理持股比例和公司价值的关系 | 二者成分段线性关系，股权激励并非越多越好 |
| McConnell and Servaes | 1990 | 经理持股比例与公司价值的关系 | 二者具有倒 U 形关系，股权达到一定的量才会起作用 |
| Fama | 1980 | 研究市场竞争机制对经理的影响 | 市场竞争对经理具有激励与约束双重作用 |
| Sappington | 1991 | 市场机制对委托人与代理人关系的影响 | 市场机制有效的前提：保证有潜在的替换人选 |
| Martin and McConnell | 1991 | 对收购兼并机制作了实证研究 | 并购市场一定程度上可以约束和控制经理行为 |
| Kang and Shivdasani | 1995 | 实证分析了日本公司经理更换情况 | 绩效较差的经理易遭更换，且之后绩效趋于改善 |
| Garen | 1994 | 经理报酬水平和结构的决定因素 | 经理的报酬结构是激励与风险权衡的结果 |

续前表

| 研究者 | 年份 | 研究内容 | 结论 |
| --- | --- | --- | --- |
| Kaplan | 1994 | 比较日、美高管报酬与公司绩效的关系 | 两国高管报酬与绩效的关系基本相似 |
| Mehran | 1995 | CEO 的激励报酬和公司绩效 | 公司绩效与 CEO 持股比例、股权报酬比例正相关 |
| Yermack | 1997 | 对股票期权激励的作用进行研究 | 经理会操纵消息以提高自己的期权报酬 |
| Gibbons | 1998 | 绩效评价及技能获得、激励合约制定 | 技能、提升问题正成为激励理论的重要课题 |
| Core and Holthausen | 1999 | CEO 报酬与公司绩效、公司治理结构的关系 | 报酬随董事会规模增大而增大，随所占股权比例增大而减少 |
| Jensen and Ruback | 1983 | 研究了接管机制对管理层的影响 | 接管威胁本质上是对经理层的一种规范力量 |
| Taussings and Baker | 1925 | 经理报酬与企业业绩的关系 | 二者的相关性很小，报酬不是主要的激励措施 |

已有的对代理人激励约束机制方面的研究大多使用定性与定量两种研究方法，而定量研究方法最为流行。定性研究可分为两种：一种是如詹森这样的大师所说明的，是在相当有包容性的理论框架下解析公司治理的具体问题，许多研究成为定量研究的检验命题；另外一种仅是简单的现象描述，缺乏深入的理论意义。与定性方法相比，定量方法在主题方面大多是研究不同激励约束机制与公司绩效之间的关系。在技术方法上，通常是以回归方法为主进行计量经济学研究。也有很多学者采用案例分析法，研究不同环境下董事会任命或离职公告公布后引起的股东财富的变化，研究当公司 CEO 被解除职务或者是减少接管市场的影响等涉及公司治理机制的事件发生后，股票市场会作出何种反应等。然而，以上各种研究方法，甚至同一研究方法常使我们陷入另一种困境——研究结论的不一致性，但正是这种不一致性才使我们进一步接近了代理人激励约束机制的实质。①

① 参见宁向东：《公司治理理论》，北京，中国发展出版社，2009。

# 第 6 章 实现委托人与代理人目标融合的评价指标设计

委托人与代理人作为公司中重要的利益主体，他们之间的合作与努力对于公司的成长发展非常关键，是其他利益主体利益得以实现的重要保证。一种有效的安排就是在委托人与代理人之间形成利益制约关系，使双方产生激励相容约束。代理人的利益最大化行为也实现了委托人的利益最大化。代理人越努力，其所得剩余收入越多，努力的动机也就越强。事实上，很少有代理人会故意失当。但客观上，只要存在委托代理关系和信息不对称，代理人过度追求规模所造成的损害委托人利益的问题就难以避免。

有效的激励约束机制首先要辨识代理人与委托人的目标函数，然后通过相应机制对代理人产生某些动力和压力，使代理人以股东财富最大化目标为前提，追求适度企业规模，进而实现二者目标的融合。在确定激励约束机制之前，首先要对委托人与代理人各自追求的主要目标进行量化分解，并由此确定代理人的目标业绩，使代理人“有所为有所不为”。如果目标业绩不清楚，激励约束就无从谈起。目标业绩也称考核指标，是设计有效激励约束机制、实现委托人与代理人目标融合的前提。如果缺乏科学有效的考核指标，那么所谓的激励约束机制也将流于形式。建立有效的激励约束机制需要两个环节，二者缺一不可。一是对实现股东财富最大化及代理人规模偏好能够交叉融合的财务指标进行科学合理的设计；二是依据观测到的结果对经理人进行激励约束。

## 6.1 设计评价指标应考虑的因素及原则

### 6.1.1 设计评价指标应考虑的因素

委托人与代理人的目标都可以通过具体的财务指标进行量化。考核指标在契约中的存在和恰当组合是股东利益得以实现的主要方式，是实现委托人与代理人目标融合的关键前提。而在设计具体考核指标时应考虑以下因素：

6.1.1.1 客观绩效指标

代理人对企业规模的追求体现在销售额指标上，而股东财富最大化的财务指标有利润、股东权益、净资产收益率等。以这些客观财务指标为基础确定激励约束的最大优点，是客观绩效在一定程度上具有可证实性。这使得经理对于自己的努力方向及应得的激励约束可以有一个比较明确的把握。但也存在很多弊端。首先，客观财务指标可以被人为操纵。销售额、利润、股东权益等会计指标都可以被粉饰；经理可以发布信息操纵股价；可以对增长率进行调节。其次，客观绩效指标间存在一定的矛盾。例如，片面追求销售额可能损害股东权益，而追求短期会计利润也可能导致经理投资于短期收益大而不是净现值大的项目（Jensen and Murphy，1990）。要设计一个能全面正确地反映股东目标的客观绩效指标几乎是不可能的。再次，客观绩效评价指标或其水平往往一旦确定便很难改变，否则会伤害经理的积极性。然而，经营环境在变化、技术在改进、设备在更新，如何使以客观绩效为基础的激励约束机制符合形势的变化是一件非常困难的事情。①

6.1.1.2 相对绩效指标

理论上，公司绩效应与本行业其他公司相比较，并以此为基础确定相对绩效指标，从而过滤经营者所无法控制的行业与市场因素。对于转轨经济，因垄断的普遍存在，对经理激励约束考虑相对绩效而不是考虑绝对绩效似乎更有必要。所谓“相对绩效”评价方法，是与“绝对绩效”比照而言的，就是不看企业经营绩效的绝对量，而是与一组参照企业的经营绩效做比较，从中判断特定企业的经营能力和努力的方法。可以说，它是以“座次”论英雄的方法。但在现实的操作中，选择什么样的指标，是绝对绩效指标还是相对绩效指标，或是两类指标的组合，各个指标在组合中应该占有多大权重，各个指标的赋值究竟是多少才合理，这些都是棘手的问题。

6.1.1.3 市场力量

对代理人激励约束产生影响的市场力量主要包括产品市场、经理市场与并购市场。产品市场的激烈竞争会迫使代理人在较低的激励约束水

① 参见孙永祥：《公司治理结构：理论与实证研究》，234－235 页，上海，上海人民出版社，2003。

平下有效率地工作，尤其是在公司经营状况不佳或者新的经理人员上台时。而一个竞争的经理市场也会内生出激励约束机制。同样，并购市场的存在也会对经理产生激励约束，因为在成功的并购之后，经理往往会成为被更换的对象。马丁和麦康奈尔（Martin and McConnell，1988）指出，并购成功三年之内，61%的目标公司的经理遭到更换。与此对应的是，未被成功并购的目标公司在三年内更换经理的比例仅为21%。

6.1.1.4　文化政治因素

上述因素都是建立在经济学理论的基础上。但是，激励约束不仅仅是一个经济问题，它还受诸多超出经济学解释范围的因素影响，如政治力量、制度框架、传统文化、社会舆论、公平公正乃至公民心理等。[①]一定程度上依靠董事会、有关部门与经理主观决定的激励约束合约，往往会受到文化政治因素的强烈影响，并且使得一些激励约束的创新安排因规避风险而无法提出和付诸实施。

### 6.1.2　评价指标体系的设计原则

鉴于以上客观因素的存在，在设计考核指标时，应体现股东财富最大化与经营者规模偏好业绩指标的良好结合，同时要考虑公司自身发展阶段、外部环境等相关因素。因此，指标设计应符合以下原则：一是选定的指标应具有较强的横向、纵向可比性，并尽可能排除偶然或异常事项的影响；二是各项指标在整体均衡的基础上应相互制衡，整体指标体系要具备“此消彼长”的内在机制，提高人为操控指标体系的难度；三是各项指标要具有很强的可操作性和代表性，所有评价指标都能够从公

① 参见孙永祥：《公司治理结构：理论与实证研究》，234～236页，上海，上海人民出版社，2003。

开的市场获取，评价标准符合企业实际；四是公司绩效评价指标不仅能够明确代理人的信托责任和义务，而且能给代理人提供某种刺激和动力，同时业绩指标也能够有效制约代理人行为，使他向有利于委托人的目标努力奋斗；五是因为管理者、雇员、股东、供应商、消费者、征税人等的目标及利益是冲突的，为了使企业得以生存，业绩评价指标可以有效体现和平衡各方的目标及利益。

### 6.1.3　公司绩效评价指标体系的主要特点

因本书的研究视角是基于委托人与代理人的目标差异而对二者的目标进行融合，因此在选取绩效评价指标时要同时兼顾二者利益的共性与差别。评价指标体系具有如下特点：一是充分体现投入回报特性，以股东财富最大化为前提；二是充分关注公司的成长性，重视规模因素给包括经营者在内的所有利益相关者带来的好处；三是充分重视资产质量、债务风险，以此保证投入回报与公司规模的同步增长，最终实现委托人与代理人目标的“最优融合”，实现公司的持续健康发展。

## 6.2　公司绩效评价指标体系的设计

### 6.2.1　显性评价指标

由于委托人不能观测代理人的行动，为了诱使代理人选择委托人所希望的行动，委托人必须根据可观测的行动结果来对代理人进行奖惩，这样的激励机制称为“显性激励机制”（explicit incentive mechanism）。而相应地，代理人的行动结果体现在财务上的指标，则被称为显性评价指标。

基于以上绩效评价指标设计的原则和特点，本书设计了以下显性财务评价指标（见表6—1）。

**表6—1　　显性评价指标**

| 评价内容 | 盈利能力 | 发展能力 | 资产质量 | 偿债能力 |
|---|---|---|---|---|
| 评价指标 | 股东权益报酬率<br>资产净利率<br>销售净利率<br>每股现金流量 | 销售增长率<br>资产增长率<br>利润增长率 | 应收账款周转率<br>存货周转率 | 速动比率<br>偿债保障比率 |

上述财务指标体现的是经营者在追求股东财富最大化目标与规模最大化目标之间的平衡，是评价经营者经营业绩的核心指标。

6.2.1.1　盈利能力

1. 股东权益报酬率

股东权益报酬率是一个综合性极强、最有代表性的财务比率。股东财富最大化目标是企业管理的首要目标，而股东权益报酬率反映了企业在筹资、投资和运营等方面的经营效率①，是反映股东投资回报情况的最佳指标。股东权益报酬率也称所有者权益报酬率，是企业一定时期的净利润与股东权益平均总额的比率。计算公式为：

$$股东权益报酬率＝净利润/平均股东权益\times 100\% \quad (6.1)$$

股东权益报酬率反映了企业盈利能力的高低，该比率越高，企业的盈利能力越强。提高股东权益报酬率可以有两种途径：一是在财务杠杆②不变即股东权益和负债不变的情况下，通过增收节支、提高资产利

① 参见荆新、王化成、刘俊彦：《财务管理学》，108～110页，北京，中国人民大学出版社，2009。

② 财务杠杆是指企业在筹资活动中对资本成本固定的债务资本的利用。企业全部资本由权益资本和债务资本构成。权益资本成本是变动的，从企业所得税后利润中支付；而债务资本成本是固定的，并在企业所得税前扣除。因此，企业利用财务杠杆会对权益资本的收益产生一定的影响，有时可能给权益资本的所有者带来额外的收益，即财务杠杆利益，有时也可能造成一定的损失，即遭受财务风险。

用效率来提高资产净利率，从而提高股东权益报酬率；二是在资产利润率大于负债利率的情况下，可以通过提高财务杠杆，即提高负债资本、减少股东权益资本，来提高股东权益报酬率。但是第一种途径不会增加企业的财务风险，第二种途径则会增加企业的财务风险。

2. 资产净利率

资产净利率也是反映企业盈利能力的一个重要财务比率，是指企业一定时期的净利润与资产平均总额的比率。计算公式为：

资产净利率＝净利润/平均资产总额×100%　　(6.2)

式（6.2）中的净利润可以直接从利润表中得到，它是企业所有者获得的剩余收益。企业的营业活动、投资活动、融资活动以及国家税收政策的变化都会影响到净利润。因此，资产净利率通常用于评价企业对股权投资的回报能力。资产净利率的高低并没有一个绝对的评价标准。在分析企业的资产净利率时，通常采用比较分析法，与该企业以前会计年度的资产净利率作比较，可以判断企业资产盈利能力的变动趋势，或者与同行业的平均资产净利率作比较，可以判断企业在同行业中所处的地位。通过这种比较分析，可以评价企业的经营效率，发现经营管理中存在的问题。如果企业的资产净利率偏低，说明该企业经营效率较低，经营管理存在问题，应该调整经营方针，加强经营管理，提高资产的利用效率。同时式（6.2）可以分解为：

资产净利率＝总资产周转率×销售净利率　　(6.3)

资产净利率主要取决于总资产周转率与销售净利率两个因素。企业的销售净利率越大，资产周转速度越快，资产净利率越高。因此，提高资产净利率可以从两个方面入手：一方面加强资产管理，提高资产利用率；另一方面加强营销管理，增加销售收入，节约成本费用，提高利润水平。

3. 销售净利率

销售净利率是企业销售收入所产生的净利润比率。销售净利率的提高有两种途径：一是提高市场占有率，增加销售收入；二是控制成本费用，降低单位销售收入的费用投入。计算公式为：

$$销售净利率=净利润/营业收入净额\times100\% \tag{6.4}$$

销售净利率说明了企业净利润占营业收入的比例，该比率越高，说明企业通过扩大销售获取收益的能力越强。在评价企业销售净利率时，应比较企业历年的指标，从而判断企业销售净利率的变化趋势。但是，销售净利率受行业特点影响较大，因此，还应该结合不同行业的具体情况进行分析。

4. 每股现金流量

每股现金流量等于经营活动产生的现金流量净额扣除优先股股利后的余额，除以发行在外的普通股平均股数。计算公式为：

$$每股现金流量=\frac{经营活动现金净流量-优先股股利}{平均流通股数} \tag{6.5}$$

注重股利分配的投资者应当注意，每股利润的高低虽然与股利分配有密切关系，但它不是决定股利分配的唯一因素。如果某公司的每股利润很高，但是缺乏现金，那么也无法分配现金股利。因此，还有必要分析公司的每股现金流量。每股现金流量越高，说明公司越有能力支付现金股利。

6.2.1.2　发展能力

发展能力，也称成长能力，是指企业在从事经营活动过程中所表现出的增长能力，如规模的扩大、盈利的持续增长、市场竞争力的增强等。反映企业发展能力的主要财务比率有销售增长率、资产增长率以及利润增长率等。

1. 销售增长率

销售增长率是企业本年度营业收入增长额与上年营业收入总额的比率，这一指标是体现代理人规模偏好的最好指标。计算公式为：

销售增长率＝本年度营业收入增长额/上年营业收入总额×100%　(6.6)

销售增长率反映了企业营业收入的变化情况，是评价企业成长性和市场竞争力的重要指标。该比率大于零，表示企业本年度营业收入增加；反之，表示营业收入减少。一般而言，该比率越高，说明企业营业收入的成长性越好，企业的发展能力越强。

2. 资产增长率

资产增长率是企业本年度总资产增长额与年初资产总额的比率，反映了企业本年度资产规模的增长情况。计算公式为：

资产增长率＝本年度总资产增长额/年初资产总额×100%　(6.7)

这一指标是从企业资产规模扩张方面来衡量企业的发展能力，也是体现代理人规模偏好的又一重要指标。一般来说，资产增长率越高，说明企业资产规模增长的速度越快，企业的竞争力越强。但是，在分析企业资产数量增长的同时，也要注意分析企业资产的质量变化。

3. 利润增长率

利润增长率是指企业本年度利润总增长额与上年利润总额的比率。计算公式为：

利润增长率＝本年度利润总增长额/上年利润总额×100%　(6.8)

该比率越高，说明企业的成长性越好，发展能力越强，代理人越重视股东财富的增长。

上述财务比率分别从不同的角度反映了企业的发展能力。需要说明的是，在分析企业的发展能力时，仅用一年的财务比率是不能作出正确评价的，应当计算连续若干年的财务比率。

6.2.1.3　资产质量和偿债能力

企业的资产质量和偿债能力是企业得以持续发展的必要条件，对委托人目标的实现具有决定性作用。企业的资产质量一般可以从资产周转情况来考察，不仅要分析企业的总资产周转率，更要分析企业的存货周转率与应收账款周转率，并将其周转情况与资金占用情况结合分析。资产质量指标有应收账款周转率和存货周转率。计算公式分别为：

应收账款周转率＝赊销收入净额/应收账款平均余额　(6.9)

存货周转率＝销售成本/平均存货　(6.10)

偿债能力指标有速动比率和偿债保障比率。计算公式分别为：

速动比率＝速动资产[①]/流动负债＝（流动资产－存货）/流动负债　(6.11)

偿债保障比率＝负债总额/经营活动现金净流量　(6.12)

从以上分析可以看出，各项财务指标构成了一个完整的系统。而股东财富最大化目标的实现受融资结构、销售规模、成本水平、资产管理等因素的影响，相关因素只有协调运转，才能使股东权益报酬率得以提高，进而使得代理人及其他利益相关者的效用也得到满足。

### 6.2.2　隐性评价指标

在一个不完美的市场环境中，如果只强调这些显性激励约束指标，则可能会使代理人操纵财务指标，加剧与股东在风险态度上的差异，偏离股东的风险偏好，损害股东的利益。如果公司根据自身状况选择不同

① 速动资产是指流动资产中扣除存货后的变现能力强的资产，包括货币资金、交易性金融资产、应收票据、应收账款等。

的隐性长期激励指标来评价代理人的努力，就可以更准确地满足公司在不同行业、不同发展阶段、不同外部环境下的发展要求。例如，正处于成长期的公司需要大量的科研投入，此时，公司选择研发和固定资产投资作为隐性长期激励指标会有利于公司的发展；当公司进入成熟期后，选择其他指标作为隐性长期激励指标会更合适。这些隐性长期评价指标是根据公司当时的具体情况确定的，是公司发展所必须完成和实现的，是公司发展的“本”。而与股价有关的指标是公司股东利益的近似表现，当证券市场不成熟时，公司股价与公司价值相去甚远。同时，当公司把这类指标当作长期考核指标时，代理人可能会放弃公司的“本”，进行利润操纵或进行关联交易，直接追求股价。这种舍“本”求“末”的做法，最终会对股东和证券市场造成巨大伤害。[①]

近年来，美国发生的安然、世通等丑闻的一个重要起因就是这些公司高管过度追求股票期权和长期持股的可能收益。这种直接追求股价的做法，会使公司经营方向脱离正确轨道，从而导致股价严重脱离公司实际价值。当事件发生后，股东利益严重受损，证券市场乃至金融市场将遭受重大冲击。

陈震（2008）指出，不论是资产规模还是销售规模扩大，都会伴随着报酬—规模弹性的增大。这种关系是符合公司高管人员的利益的，因为在股东利益没有任何提高的情况下，这种关系的存在能够稳定提高公司高管人员的报酬。公司绩效的增长会伴随着公司报酬—规模弹性的增大。将报酬契约中公司绩效与报酬—规模弹性的关系设计成具有显著正相关关系时，会使得高管人员不得不考虑到公司绩效下降会导致报酬—规模弹性的降低，这在一定程度上可以限制高管人员抛弃公司绩效，单

① 参见陈震：《上市公司高管报酬理论分析与影响因素实证研究》，112～113 页，北京，经济科学出版社，2008。

独追逐公司规模扩张的行为。公司的业绩不好，其高管的报酬—规模弹性也会较小，这会降低公司高管人员扩大公司规模的欲望。但是，对于那些处于成长初期但却需要快速发展的公司来说，公司绩效通常不会很好。伴随较低业绩的较低高管报酬—规模弹性的设计，会降低公司高管人员扩张公司规模的动力。因此，对于这类需要快速发展的上市公司来说，有必要在决定报酬—规模弹性的时候，将公司所处的发展阶段和发展目标考虑到高管报酬契约设计中去。只有这样，制定出来的高管报酬—规模弹性才能够有利于公司未来发展。

总之，无论是采取显性评价指标还是隐性评价指标，都应把代理人规模偏好因素考虑进去。只有在此基础上综合使用显性与隐性评价指标，才能使委托人与代理人的利益目标更加一致。

### 6.2.3 评价指标权重的确定方法

在评价指标的集合中，指标权数是其中每项指标占有的比重。指标对公司绩效的影响程度不同，其占有的权重应有所差别。评价目的不同，评价指标权数的设置也应有所区别。股东财富最大化的财务指标是整个业绩评价指标体系的重点，该部分的指标权重应相应加大。对具体指标的权数设置应综合运用相关性权重法与德尔菲法（Delphi method）①。首先，根据测算的各评价指标之间的相关系数，确定指标之间的关联度，再根据关联度确定赋予每个指标的权数。然后，运用德尔菲法将测算初定的权数分配表，分别发送有关部门、专家，征求他们的意

---

① 德尔菲法是在20世纪40年代由赫尔默（Helmer）和戈登（Gordon）首创。1946年，美国兰德公司为避免集体讨论存在的屈从于权威或盲目服从多数的缺陷，首次用这种方法来进行定性预测，后来该方法被迅速广泛采用。20世纪中期，当美国政府执意发动朝鲜战争的时候，兰德公司又提交了一份预测报告，预告这场战争必败。政府完全没有采纳兰德公司的意见，结果一败涂地。从此以后，德尔菲法得到广泛认可。

见，在此基础上进行意见综合，形成具体指标的权数分配。德尔菲法具有如下优点：一是资源利用的充分性。由于吸收不同专家的意见与预测，充分利用了专家的经验和学识。二是最终结论的可靠性。由于采用匿名或背靠背的方式，因此能使每一位专家独立地作出自己的判断，不会受到其他繁杂因素的影响。三是最终结论的统一性。预测过程必须经过几轮反馈，使专家的意见逐渐趋同。

设计好评价指标之后，要制定评价标准。如果没有合适的评价对比标准，就无法进行具体评价。为取得客观、公正、准确的业绩评价结果，需要根据评价目的、公司特点、公司规模、行业水平、地区特点等客观环境来制定标准。在确立了评价指标及评价标准之后，就可以对代理人的经营业绩进行准确的评估了。应依据观测到的结果对企业经理进行激励约束，即委托人根据代理人所实现目标的程度来对代理人进行奖惩。

# 第 7 章 委托人与代理人目标融合机制的选择及路径依赖性

本章的研究目的是，在应用上一章的评价指标对代理人进行科学考核的基础上，通过建立一套激励约束机制，促使代理人以委托人的目标为前提，追求适度的企业规模，提高经营业绩，最大限度地实现二者目标的融合。

从现代财务理论及实践来看，委托人的目标是实现股东财富最大化，而代理人具有强烈的规模偏好，因为随着企业规模的扩大，不仅会给代理人带来权力、地位、声誉、在职消费等控制权收益，而且会带来更多的报酬等货币收益。代理人的规模偏好除了会给自身带来货币及非货币性收益外，也会在一定程度上实现委托人及其他利益相关者的目标，在适度的规模范围内，可以实现共赢。但如果代理人的规模偏好超出企业资源配置的最优范围，就会损害委托人及其他利益相关者的利益，在更严重的情况下，会导致企业亏损破产。委托人与代理人的目标，在财务上可以用有代表性的指标予以表示，股东财富最大化可以用相应的利润指标、利润增长率指标表示，而代理人的规模偏好指标可以用销售额、资产总额、销售增长率、资产增长率等指标来表示。从各项财务指标来看，代理人的规模偏好与委托人的目标既有融合又有冲突，所以如何协调二者的目标，使其分歧降到最小，是现代公司激励约束机制的本质核心。

## 7.1　实现目标融合的激励约束机制设计需要解决的问题

激励约束机制可以用优化原理来表达和设计，通过此机制能使委托人与代理人双方的效用都得到满足和提高。但激励约束机制的设计必须同时满足以下两个约束条件：一是激励相容条件，即要使委托人与代理人双方的总效用都有改进和提高。二是代理人理性约束条件，又称代理人参与约束条件。如果代理人是理性的，他接受机制比拒绝机制在经济上更划算，从而保证代理人有参与机制设计、进行利益博弈的动机。

因此，实现委托人与代理人目标融合的关键就在于设计一套对代理人的激励相容约束机制方案，使代理人以委托人的长远利益为前提，追求自身利益最大化。变“利己”为“双赢”是激励相容约束机制的核心所在。假设用 $A$ 表示代理人可选择的行动集合，$a\in A$ 表示代理人的一个行动。$\theta$ 是外生变量，$a$ 和 $\theta$ 决定了一个可观测的产出结果 $Y(\alpha,\theta)$。委托人要设计一个激励合同 $I(Y)$，根据观测的产出 $Y$ 对代理人进行奖惩。假设代理人接受激励合同的行动成本为 $C(\alpha)$，委托人的期望效用函数为：

$$E=Y(\alpha,\theta)-I(Y) \tag{7.1}$$

代理人接受激励合同的期望效用函数为：

$$U_y = I(Y) - C(\alpha) = I(\alpha, \theta) - C(\alpha) \tag{7.2}$$

前文已经论证了代理人的规模偏好目标虽然在一定程度上与委托人的目标一致，但很多情况下会产生冲突。因此委托人只有对代理人提供足够的激励，才能使代理人在遵循股东（委托人）财富最大化目标的前提下追求适度企业规模。委托人的选择是让 $Y(\alpha, \theta)$ 最大化，而 $I(Y)$ 相对最小化，即上述委托人期望的效用函数最大化。但这种选择面临着来自代理人的两个约束。

第一个约束是参与约束，即代理人接受合同所得期望效用（$U_y$）不小于拒绝合同所得期望效用（$U_n$）①，可以用公式表示为：

$$I(Y) - C(\alpha) \geqslant U_n \tag{7.3}$$

即

$$U_y \geqslant U_n$$

第二个约束是激励相容约束。在任何激励合同 $I(Y)$ 下，代理人总是选择使自己的期望效用最大化的行动 $\alpha$，因此任何委托人期望的 $\alpha$ 都只能通过使代理人的效用最大化来实现。如果 $a$ 是委托人希望的行动，$a' \in A$ 是代理人可以选择的任何行动，那么只有当代理人从选择 $a$ 中得到的期望效用大于从选择 $a'$ 中得到的期望效用时，代理人才会选择 $a$。激励相容约束的数学表述如下：

$$I(\alpha, \theta) - C(\alpha) \geqslant I(\alpha', \theta) - C(\alpha') \tag{7.4}$$

从表面上看，激励相容约束机制似乎是以委托人所得利益减少为代价的，其实这是一种静止的思维。事实上，在这种机制的运作下，委托代理关系会创造循环的创新动力，会不断地把利润蛋糕做大。代理人的

---

① 这时的效用由其他市场机会决定。

收益一定要与企业绩效挂钩，体现智力要素价值及努力成本。同时，任何一种激励约束机制都必须具备动力和压力两个基本功能。通过激励机制把代理人的努力诱导出来，通过约束机制把代理人损害委托人利益的现象消灭在萌芽中。

## 7.2　代理人规模偏好私人收益函数基本模型

构建激励约束机制首先要辨识代理人的目标函数，通过相应机制对其目标函数中的积极因素予以满足，而对目标函数中的消极因素予以限制。通过以上章节对代理人规模偏好的分析，代理人的效用，一方面来自个人收益，另一方面来自自我实现的成就感和社会声望。激励约束机制必须通过相应的变量安排，满足经营者实现个人效用最大化的目标函数，同时对有损于委托人的行为和动机予以限制和纠正。根据以上各章节的文献、理论、实证分析结果，我们知道代理人具有明显的规模偏好，而这种规模偏好具有积极与消极两方面影响。那么，如何对代理人的规模偏好进行矫正，鼓励其积极行为，而抑制其消极行为，从而最大限度地实现代理人与委托人目标的融合呢？相关理论表明，要实现委托人与代理人的目标融合，首先要承认及尊重代理人的需要，并以此作为激励约束措施的切入点。

有效的激励约束机制，除了建立科学的评价指标外，还应体现激励和约束的相互平衡，对代理人行为做到有抑有扬。而无论抑或扬，首先都要了解代理人规模偏好所带来的私人收益，也就是代理人的具体需求因素及能够影响这些需求实现的关键要素。以此为基础，对那些能够保持与委托人利益正相关的需求因素加大激励力度，而对那些完全有害于委托人利益的需求因素加大约束力度。原则是此消彼长，尽量引导鼓励代理人有利于委托人利益的行为，而减少或消除其不利行为，加大奖惩力度。在代理人行为与委托人利益方向一致的情况下，尽量保持代理人总收益的增加，至少不能低于其规模偏好总收益，从而实现委托方与代理方的共赢。

### 7.2.1 代理人规模偏好私人收益曲线

代理人的规模偏好收益包括两部分：一部分是积极规模偏好收益，它可以促使管理人的行为符合股东财富最大化原则，即它与提升股东财富成正相关关系；另一部分为消极规模偏好收益，它导致管理人的行为偏离股东财富最大化原则，即它与提升公司价值成负相关关系。公司管理人获取积极规模偏好收益需要付出较大努力成本，而他们获取消极规模偏好收益则付出的努力成本较小。如果积极规模偏好收益占据主导地位，则有利于提升股东财富，相反，则会损害投资者的利益。[①]

假定代理人不存在获取消极规模偏好收益的动机，则代理人的规模偏好收益与公司绩效存在完全正相关关系，见图 7—1 中的直线 $AA'$。从该直线可以看出，代理人规模偏好收益与公司绩效完全正相关，而且两者的比例关系保持不变。上述情况下的代理人规模偏好收益对公司绩效没有产生任何负面影响。考虑到公司管理者存在规模偏好收益的消极动机，因此，规模偏好收益曲线变成了曲线 $AB$、$AC$、$AE$、$AF$ 四种。随着消极规模偏好收益占管理者总规模偏好收益比重的增加，该规模偏好收益曲线将越大幅度地向右下方倾斜。

① 参见刘佳刚：《公司控制权收益问题研究》，46～47 页，长沙，湖南人民出版社，2008。

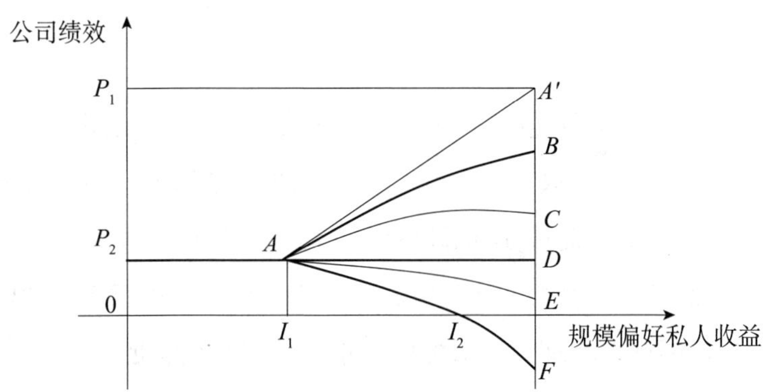


**图 7—1　代理人规模偏好私人收益曲线**

从图 7—1 中可以看出，在三角形 $AA'D$ 范围内的任何收益曲线，都表明总规模偏好收益与公司绩效成正相关关系，即代理人规模偏好收益中积极收益仍旧占主导。如果代理人规模偏好收益曲线处在直线 $AD$ 以下，则意味着代理人规模偏好与公司绩效成负相关关系。尤其是规模偏好收益曲线 $AF$ 表明，代理人规模偏好收益是以公司亏损为代价的。上述情况表明，若代理人的消极规模偏好收益占总规模偏好收益的比重偏大，代理人获取消极规模偏好收益将降低公司绩效，从而将对公司股东造成利润损害。

## 7.2.2　代理人规模偏好私人收益的构成

由以上章节的分析可知，代理人规模偏好所带来的私人收益主要由以下因素构成：

### 7.2.2.1　固定报酬

固定报酬 $w_t$ 与当期企业规模具有正相关关系①，其函数公式可以

① 第 3 章已有实证结论，高管（代理人）报酬与企业规模正相关。

表达为：

$$w_t = f(s_t) \tag{7.5}$$

式中，$s_t$表示企业当期规模（用销售收入表示）。这个函数公式表明，代理人的固定报酬 $w_t$ 取决于企业规模，企业规模越大，固定报酬就越高，相反，则越低。而固定报酬必须大于代理人的基本效用需要 $w_{0t}$，即基本生活需求，同时要不小于其机会成本，即同业愿意支付的固定报酬数额 $w_{1t}$，因此，代理人获取的固定报酬总额必须满足：

$$w_t \geqslant u(w_{0t}, w_{1t})$$

式中，$u(w_{0t}, w_{1t})$ 为基本效用函数。

#### 7.2.2.2 在职消费

$C_t$ 与企业规模、当期收益 $Y_t$ 正相关，即企业规模越大，其可获得的在职消费就越多，相反，则越少。用函数表示如下：

$$C_t = f(s_t, Y_t) \tag{7.6}$$

在职消费分为：基本的在职消费，包括基本的办公、交通等保证日常工作的外在条件；可有可无、可多可少、可简朴可奢华但不违法的在职消费，如豪华办公环境及设施、高级交通工具、多个漂亮女秘书、出国考察豪华游等；违法的在职消费，如利用企业投融资项目建立私人金库、从事关联交易、利用公款赌博①等。对于上述不同性质的在职消费，有些是合理的，有些则必须予以限制。

#### 7.2.2.3 声誉收益

$R_t$ 与企业规模 $s_t$、企业业绩 $P_t$、公司知名度正相关。公司的知名度与公司在广告宣传方面的支出 $A_t$ 有关。一般而言，广告开支越大，则公司知名度越高，相反，则公司知名度越低。因此，可以将广告开支

① 这种现象在中国国企中是很常见的，而且相关事宜常见于报端。

作为衡量公司知名度的参数，将其用于分析代理人可获声誉收益。用函数表示如下：

$$R_t = f(s_t, P_t, A_t) \tag{7.7}$$

在上述因素当中，公司绩效对声誉影响较大，公司绩效越好，则代理人获取的声誉收益就越多。声誉激励效应一般表现为两个方面：一是代理人在寻找或等待更大的机会，一次性把建立积累起的好声誉用尽，从而实现一定时期内的收益最大化；二是代理人出于获取更大控制权的考虑，如职务升迁等，也会使其建立一种良好的声誉。这两方面的原因都可以激励代理人努力经营、提高公司效率。动态地看，在一定时期内，声誉激励会给公司带来良好业绩。

#### 7.2.2.4 寻租收益

寻租收益 $Z_t$ 与当期企业规模正相关。企业规模越大，则代理人获取的寻租收益就越多，相反，则越少。同时，寻租收益的多少受代理人用于获取寻租收益努力的大小（努力成本）$E_t$ 影响。随着努力成本增加，寻租收益会越大，反之，则越少。寻租收益的多少还受公司内部及外部监督效率 $J_t$ 影响。如果监督高效，则它会变小，相反，若监督低效，则它会变大。因此，代理人获取的寻租收益的函数表达式为：

$$Z_t = f(E_t, J_t) \tag{7.8}$$

代理人的寻租收益完全是以牺牲公司其他利益，特别是股东与债权人的利益为代价的，因此必须对其加以限制。

基于上述分析，代理人规模偏好的私人收益可表达为：

$$PI = \sum_{t=0}^{T} [w_t + C_t + R_t + Z_t] \tag{7.9}$$

或者

$$PI = \sum_{t=0}^{T} [f(s_t) + f(s_t, Y_t) + f(s_t, P_t, A_t) + f(E_t, J_t)] \tag{7.10}$$

## 7.3　激励约束机制的构建

由以上代理人规模偏好私人收益模型可知，代理人规模偏好的私人收益主要有：报酬、在职消费、声誉、控制权、寻租。在此基础上，我们针对每一个因素进行分析，进而建立起“以股东财富最大化目标为导向的六位一体”的激励约束机制：在科学合理的业绩指标评价前提下，引入以剩余占有权为主的显性报酬激励机制；引入在控制权影响下的隐性激励约束机制；引入声誉激励约束机制，激发代理人对尊重、自我实现的需要；引入市场竞争机制，引导和规范代理人行为；引入保证激励约束有效运行的内外制度；引入相关机构的监督约束机制（如图 7—2 所示）。

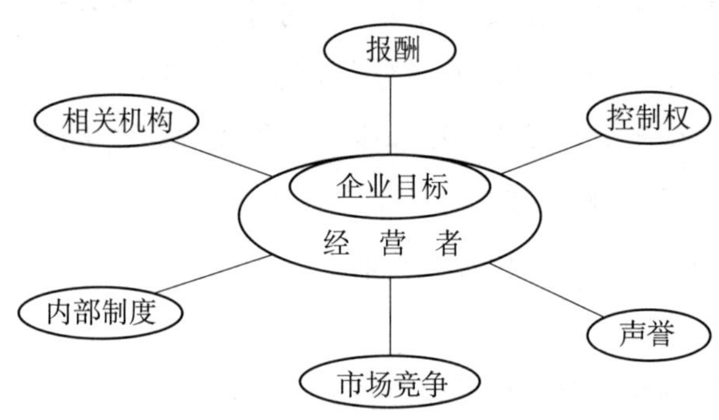


**图 7—2　以股东财富最大化目标为导向的六位一体的激励约束机制**

### 7.3.1　报酬机制

报酬是用来满足代理人基本生存需要的，是代理人从事社会活动的基本动因之一。委托人追求的是股东财富最大化，代理人追求的是个人收入最大化。因代理人对企业经营成败非常关键，同时承担着较高的风险，所以为了增强企业竞争力，必须对其进行物质激励。一般而言，基于“多劳多得”的简单逻辑，报酬是作为激励因素用来满足代理人的生存需要的，但赫兹伯格的“激励—保健”双因素理论认为基本的工资报酬只属于保健因素，不会引发被激励者内在的积极性。这意味着由于代理人在其他地方得不到满足其生存需要的工资报酬，为了这份报酬不得不约束自己的机会主义行为，按委托人的要求行动，因而工资报酬只能算是一种“约束”因素，约束职业经营者在工作中不出现可以导致结束其职业生涯的渎职行为和失误。[①] 相对于不包含风险的固定报酬，这种结论是成立的。但如果代理人报酬是多元化的，包括固定报酬与风险报酬两部分，那么随着风险报酬的增加，报酬的激励作用就会体现出来。这种激励性报酬设计的核心思想是，使代理人（经营者）在经营过程中可以使自己的利益尽可能地与委托人（股东）的利益相一致。

格罗斯曼和哈特（1983）、霍姆斯特龙（1979）、米尔利斯（1974）、罗斯（1973）、威尔森（1969）等人根据信息不对称理论提出了激励要与企业实际绩效挂钩。阿尔钦和德姆塞茨（1972）的团队理论认为，企业需要设立监督者对员工进行监督，从而需要对监督者进行剩余索取权激励。团队理论将企业的交易费用从外部市场交易领域扩展到内部的代理成本领域。詹森和麦克林（1976）认为代理人完全拥有剩余权益，可以降低甚至消除代理成本。霍姆斯特龙和梯若尔（1982）进一步强调了剩余所有权在解决代理人激励问题上的重要性。詹森和墨菲（1990）用实证的方法估计出，公司 CEO 的报酬与公司绩效之间的关系是：CEO 报酬或财富每变动 3.25 美元，则股东财富将会变动 1 000 美元，显示 CEO 报酬与股东财富或公司价值之间有一定的关联程度。

---

① 参见张涛、王丽萍：《股权结构、激励机制与治理效率研究》，102～105 页，北京，中国财政经济出版社，2008。

经典的委托代理关系中的激励可以用以下模型简单表示：假定代理人采取了行动 $\alpha$ 以生产产出 $y$，而产出函数为 $y=f(\alpha)+\varepsilon$，其中 $\varepsilon$ 是随机变量，则委托人拥有产出 $y$，但支付代理人报酬 $\omega$。其中 $\omega$ 又是与产出相关的。例如，报酬合约可以是线性的，$\omega=s+by$，其中截距 $s$ 是工资，而斜率 $b$ 是奖金所占的比例。于是代理人的总报酬是 $\omega-c(\alpha)$，即报酬减去行动给代理人带来的负效用 $c(\alpha)$，委托人的总效用是 $y-\omega$，即产出减去报酬。在上述模型中，$b$ 的存在使代理人承担了产出的风险，同时也产生了激励。若 $b=0$，则对代理人的激励不复存在，代理人只获得一个与绩效或产出无关的工资收入 $s$，因而没有努力工作的动力。这个模型包含了委托代理理论的一个重要结论：代理人激励约束合约必须规定代理人承担部分风险。①

根据以上论述可知，报酬机制设计应包括报酬结构、报酬数量及与报酬挂钩的业绩指标三个方面。而有效的报酬机制应具备以下特点：首先，报酬决策程序要公正透明，构成体系应公平合理。报酬构成体系要综合考虑基本报酬、年度奖金和长期股权等激励工具在报酬结构中的比重，合理匹配短期激励与长期激励、报酬水平与经营业绩及风险的关系。为有效抑制代理人盲目进行规模扩张的冒险动机，基本报酬的绝对水平要比较高，提高绩效报酬中长期激励的比重，降低短期激励的比重，并将长期激励的兑现条件从股票价格等市场指标更多地转向关注可持续发展的内部绩效指标。其次，强化报酬机制的约束功能。如果只奖不惩或奖惩失当，就会失去应有的激励约束功能，沦为代理人谋求私利的工具。重视风险在报酬确定中的作用，可对代理人实施报酬的延期支付等手段。合理地以市场为导向的代理人报酬机制应该有效结合企业绩

① 参见孙永祥：《公司治理结构：理论与实证研究》，227～235页，上海，上海人民出版社，2003。

效指标和风险因素，而且一定要与委托人所期望的业绩目标相联系。有了激励约束性报酬，代理人就会格外关心怎样实现预先设定好的业绩目标。在现代企业制度中，建立一个科学合理的报酬激励体系和机制，要发挥有独立董事参加的董事会报酬委员会的作用，由报酬委员会确定经营管理者的报酬，并且准确完整地披露经营者的报酬。

### 7.3.2　控制权机制

曼勒（Manley，1965）对公司控制权市场理论作出了开拓性贡献。曼勒（1965）指出，代理人可能会因被收购、接管的可能而变得谨小慎微。哈里斯和雷维夫（Harris and Leviev，1988）认为股票是控制公司的有效手段。他们指出，必须由那些承担投资风险的股东来投票选举公司的经营者，而这必将激励代理人为取得控制权而努力提高经营业绩。因而把控制权与企业绩效相联系，是激励有控制权欲望的代理人提高经营业绩的重要条件。

从控制权作用的机理分析，威胁代理人控制权的约束力量主要有组织内部的法人治理机制和企业外部的市场竞争机制。这两方面可以约束那些追求控制权来满足权力和“在职消费”需要的代理人的机会主义行为，使其为实现委托人的目标而努力。随着代理人拥有的剩余索取权逐渐增大，其行使控制权受到的约束会逐渐减弱，控制权的激励作用日益增大，其积极性日益增高。发展到极端，就是完全集剩余所有权和控制权于一身的古典经营者，权力的激励也达到最大化。[①] 在现实中，是通过法人治理结构对代理人控制权的大小进行动态调整，旨在保证控制权因素既对代理人行为有约束作用，又对代理人行为有激励作用。归结起

① 参见张涛、王丽萍：《股权结构、激励机制与治理效率的研究》，103～104页，北京，中国财政经济出版社，2008。

来，有效的代理人控制权机制的建立完全取决于科学的法人治理结构的建立和有效运作。

以往对代理人的激励约束研究往往忽视了控制权的约束和激励作用。控制权的约束作用与企业所在国的整个宏观政治及经济环境有关，其发挥作用的前提是要有相对成熟的市场机制，如发达的资本市场、完备的法律政策、有效的经理市场及产品市场等。而控制权的激励作用对企业外部环境的要求不如约束那么高，然而作用却很明显。如中国企业管理层的货币收入与一般员工差别不大，但有很大的控制权，因控制权带来的好处相对于其货币收入更具有激励作用。对国有企业的经理而言，看得见的工资和奖金是小头，而看不见的由控制权带来的好处是大头（费方域，1998）。[①] 周其仁（1997）对企业控制权效用进行了研究。他认为控制权存在是因为其能获得控制权回报，主要是以继续工作权甚至更大的继续工作权作为回报。黄慧群（2001）认为控制权可以带来精神与物质双重效用，因此控制权激励可以满足代理人三方面的需要：自我实现、权力和地位、在职消费。[②]

### 7.3.3 声誉机制

对良好声誉的追求，是代理人自我发展的需要，也就是马斯洛需要层次理论中的尊重和自我实现的需要。代理人偏好规模，并非仅仅是为了占有更多的剩余，代理人还希望在企业成长中施展自己的才华，进而实现自我价值。虽然控制权的大小、报酬的多少可以在一定程度上体现

① 参见孙永祥：《公司治理结构：理论与实证研究》，230～231页，上海，上海人民出版社，2003。

② 参见张银杰：《公司治理——现代企业制度新论》，304～305页，上海，上海财经大学出版社，2010。

代理人的人力资本价值和社会价值，但是却不能替代“美誉”度所带来的自我价值实现感。20 世纪 80 年代以后，经济学将动态博弈理论引入委托代理关系研究之中，论证了在多次重复代理关系情况下，竞争、声誉等隐性激励机制能够发挥激励代理人的作用。法玛（1980）认为，代理人的市场价值与其历史上取得的经营业绩有关，以前经营业绩越大，未来市场价值相对就越大。从长远来看，代理人要对自己的行为负完全责任，而在竞争性越充分的市场，“过去成绩决定未来价值”这一关系就越直接、明显。因此，为了自己未来的收益最大化，代理人在即使没有显性激励合同的情形下，也会为自己的良好声誉而努力工作。霍姆斯特龙（1982）将上述思想模型化，形成代理人—声誉模型。这一机制的原理在于：由于市场等外部压力的存在，代理人会意识到自己的行为将直接影响到未来的发展。表现差的代理人不仅内部提升无望，而且跳槽高就的可能性也很小。拉德纳（1981）和鲁宾斯坦（Rubinstein，1982）指出，如果委托人和代理人之间保持长久的关系，双方都有足够的耐心，那么帕累托一级最优风险分担和激励就可以实现。克雷普斯等人（Kreps et al.，1982）提出的声誉模型，解释了当参与人之间重复多次交易时，为了获取长期利益，参与人通常需要建立自己的声誉，使一定的合作均衡能够实现。对代理人而言，声誉机制既有激励作用，又有约束作用，良好的声誉能增加代理人讨价还价的能力，而较差的声誉不仅降低代理人的市场价值，而且很可能会结束其职业生涯。前者起到对代理人行为的激励作用，后者则对代理人行为具有约束作用。在激烈的竞争中，代理人只有不懈努力，才能保持与其声誉相称的竞争地位。

### 7.3.4　市场竞争机制

对代理人的激励约束机制需要一个规范化的市场环境。环境对代理人的约束是刚性的，使他别无选择。市场的评价约束着代理人，公司一旦破产，代理人的人力资本价值会一落千丈，甚至在职业经理人市场上从此断送了职业生涯，这种职业经理人市场的约束是无形但强硬的。而委托人对代理人的间接控制来自资本市场对代理人的约束，使代理人不得不考虑委托人的利益和要求。有效的市场竞争机制是报酬机制、控制权机制、声誉机制发挥激励约束作用的前提。法玛（1980）以詹森和麦克林（1976）的代理观点为基础指出，市场竞争作为一种机制，对公司中作为管理者的经理具有监督作用。同时他也指出，市场竞争不仅会监督经理，同时也给经理提供了一种机会。萨平顿（Sappington，1991）认为市场竞争对代理人的约束是事后的约束。为了更好地约束代理人，委托人必须保证有潜在的代理人代替现有的代理人。马丁和麦康奈尔（1991）则对收购兼并作为一种约束绩效较差公司经理的机制作了实证研究。

市场机制对代理人约束具有全面性、客观强制性、公平性和持续性四个特点。市场约束机制发挥作用有两个前提条件：一是充分有效的信息披露机制；二是企业风险会影响市场力量的切身利益。如果企业的真实经营状况不能被市场力量所知，那么市场力量也不会根据实际情况去调整行为，也就无法对代理人实施有效约束。此外，市场竞争机制中的经理人市场、资本市场和产品市场三个方面，对代理人行为施加约束的机理略有不同。有效的经理人市场能使代理人始终保持“生存”危机感，但这种约束不仅受到经理人市场的完善程度影响，还受到股东之间“搭便车”行为、代理人寻租行为的影响。资本市场机制一方面可以展示代理人在股票市场上的业绩，另一方面则表现为收购、恶意接管等资本市场运作对代理人控制权的威胁。然而接管威胁会产生降低长期投资的积极性、破坏经理职位稳定性等反面的激励作用。产品市场机制同样会对代理人行为产生激励和约束作用。但只有产品市场竞争比较充分时，这种机制才会发挥作用，否则对于垄断型产品市场，这种机制的作用将很微弱甚至没有。

市场竞争机制一方面是代理人被动参与的优胜劣汰的“生存竞争”，另一方面也是代理人积极参与的自我实现的“锦标赛竞争”。“锦标赛竞争”可以理解为类似条件的代理人之间的比赛，通过对类似条件特征企业、不同代理人业绩的比较，可以在一定程度上了解代理人的努力程度和能力。更重要的是，锦标赛竞争产生了一种类似体育比赛排名次的激励作用。参赛者并非为了奖励，而是为了证明自己能力比别人强，满足显示欲、成就欲的需要。而这种排名是代理人声誉的最有效的建立和显示途径，声誉因素的激励作用转化为锦标赛竞争的激励作用。陈震（2008）研究得出，在我国上市公司中，锦标赛理论有助于公司绩效的提高。但锦标赛理论也存在明显局限性（Dye，1984）。当竞争者（代理人）感到获胜渺茫或者即使获胜也无法得到他们的期望效用时，锦标赛竞争的激励效果就会降低，甚至可能会引发道德风险，竞争者（代理人）之间相互勾结或陷害，从而妨碍锦标赛竞争的客观公平。因此，要认清锦标赛竞争理论有效发挥作用的适用条件，要因势利导，不可盲目使用。

### 7.3.5　内外制度制约机制

制度是组织良好运行的保证，是其他机制得以正常运转的轨道。对代理人的激励约束必须依托于健全优良的内外制度环境。

企业内部制度是为保证企业正常运营而建立的制衡机制，包括经营决策制度、财务制度等。在充满不确定性的世界中，如何识别和控制风险成为企业生存与发展的重要一环。因此，加强企业内部控制和风险管理，对矫正代理人的目标偏差、实现企业长期可持续发展具有很强的现实意义。企业要根据自身管理水平、外部环境、经营业绩等，确定不同的内控制度和风险管理体系。企业内部激励约束机制的重要内容是要实行“奖惩制”和“问责制”。奖或惩在代理人心理上会产生持续的正强化或负强化作用。因此，奖惩无小事，而有效的奖惩依托于健全合理的内部制度。建立奖惩制度是公司内部激励约束的重要内容。问责制并不是简单的责任追究制。它包含明权、明责和经常化、制度化的“问”——质询、弹劾、罢免等方面，是一个系统化的规范。

而外部制度则包括法律法规、政府宏观政策和道德风尚等，是激励约束机制有效运转的外部保障。国家颁布法律、法规和各项条例可以对代理人行为产生约束作用。另外，政府利用宏观调控，通过所有权关系对下属的企业进行监督；通过制定行业或产业政策，以及宏观总量和结构调整的经济手段、行政手段等去调节市场，进而对企业行为进行规范。而道德是一种社会意识形态，是人们共同的行为准则和规范，包括社会公德、个人职业道德等。

企业内外制度之间存在相互替代关系：若内部机制较为完善，则企业较少求助于外部机制；若内部机制较为薄弱，则企业将更多依赖于外部监督和约束机制来降低代理成本。

### 7.3.6　相关机构监督机制

激励约束机制的有效运转和实施，还要引入交易所、协会等自律机构的约束；引入保荐机构、会计师事务所、律师事务所等中介机构的监督；引入媒体等相关机构的舆论监督。

以上各种激励约束机制都有鲜明的优点和不足，综合地采用多种激励约束机制，可以有效地扬长避短，激发代理人在各个方面努力的积极性。只有激励与约束并重才能确保企业有很强的竞争力来吸引并留住优秀职业经理人，才能提高企业的整体竞争力。激励机制与约束机制相互作用且互为前提，只有制定出一个恰当的适合本企业发展的激励约束机制，才能使得企业经营者并不是盲目地去追求规模最大化，而是为公司的整体与长远利益着想。

## 7.4　实现委托人与代理人目标融合措施间的矛盾

以上对委托人与代理人的激励约束措施之间并不都是协调一致的，有些甚至存在矛盾和对立。

### 7.4.1　代理人持股激励与控制权激励之间的矛盾

对代理人持股对公司治理的影响存在两个不同的假设：一是詹森和麦克林（1976）提出的利益一致假设，该假设认为代理人持股具有激励效应，能够提高公司价值。因为稳定的职位会激励代理人增加自身对人力资本的投入，从而提高管理效率，同时使代理人避免过分关注短期经营业绩的倾向，而这种倾向往往损害股东的长期利益。二是德姆塞茨（1983）、默克和舒尔茨提出的“管理者战壕”假设，指的是经营者长期居于某一关键职位，牢固掌握着企业的资源分配权力，因而很少受到各种约束机制的影响。其实质是减少对经营者的控制和压力，从而使代理成本上升、股东利益受损。因此，经营者持股激励与控制权激励存在矛盾。

### 7.4.2　债务约束机制与收购约束机制之间的矛盾

债务是一种能部分地缩小经营者对现金流的处置权的约束机制。债务机制使用效率的高低取决于不同的股权结构。实行债务机制的有效前提是经营者持有较高股权比例的企业，此时如果经营者与企业的整体利益一致，经营者会恰当地制定各部门的生产经营计划，使企业每年得到的现金盈余能满足债务契约支付利息的要求。简言之，经营者持股比例越高，他违反债务契约、实行不当经营、造成资不抵债的可能性就越低。而一旦企业资不抵债，企业实行破产清算的可能性就会升高，那么经营者的利益包括固定报酬、股权激励、在职消费和声誉都会受到毁灭性的冲击。然而，当经营者持股比例较高、遇到企业被收购时，经营者的抵抗又会使企业被收购的可能性降低。由此可见，债务约束机制与收购约束机制两者存在矛盾。

### 7.4.3 股权激励机制与收购约束机制之间的矛盾

经营者持股是一种有效的激励机制，经营者持股的增加可以提高经营者利益与企业股东利益的一致性，从而能激励经营者为企业价值最大化而努力经营。与此同时，经营者持股比例的增加，会降低收购机制发挥约束作用的效率。当经营者持有较高比例的股权时，经营者的个人利益与企业的整体利益具有高度的正相关性，一旦出现收购策略，就会增大收购的难度，降低收购的有效性。由此可见，经营者持股的激励机制与收购的约束机制之间存在矛盾。

### 7.4.4 在职消费激励机制与债务约束机制之间的矛盾

在职消费能给经营者带来的利益是在职消费能提高高管人员的工作效率。穆尔夫和拉詹（Mulf and Rajan，2006）的研究表明：在职消费可以节省高管人员的时间，提高工作效率。他们的研究结果同时表明，在职消费的存在有其合理性：一是在职消费的最终受益者是公司；二是在职消费比对高管人员分别补贴更有效率，在这一点上可以实现规模经济，节约成本；三是能提高经营者的地位。在职消费本身是高管人员身份地位的体现和象征，恰当的在职消费可以提高高管人员在其他员工心目中的地位。弗兰克（Frank，1985）认为，对于个人效用中公司地位占重要因素的人，用显示其身份的在职消费将比等额的工资报酬能起到更大的激励作用。所以，在职消费能给经营者一定的激励，促使其努力工作，为企业的整体利益、长远利益考虑。但在职消费存在的一个原因是公司有足够的现金流。当有足够的现金流时，企业的债务约束机制就会被弱化，因此，在职消费激励机制与债务约束机制存在矛盾。对在职消费与债务约束机制的矛盾，詹森则认为，对于拥有过多的自由现金流而又缺乏良好的投资机会的企业，通过举债或调整公司股利政策可以适当缓解上述问题。此外，由于债务近期还本付息的压力比调整股利政策有更强的法律约束力，所以举债更能减少高管人员浪费公司资源的行为。此时，债务约束机制也能得到加强，对经营者既有激励也有约束。

总而言之，在代理人可以利用信息不对称追求自己的利益时，单纯地分享激励和声誉并不能消除其道德风险，必须采取激励、监管与惩罚的一揽子方法来激励约束代理人行为。激励机制往往发生于事前和事中，而约束机制大多发生在事中和事后，所以从时间关系来看，约束可作为激励的补充。由于委托人与代理人之间的目标并不一致，代理人的某些私人信息不被委托人所知，因此，委托人必须事前设计一种激励约束系统以对代理人的信息和行为作出反应，采取奖励或惩罚性措施。激励和约束必须有机结合，没有约束的激励只能是产生腐败的温床，而没有激励的约束又是相对无力、缺乏刚性的。企业给予代理人恰到好处的激励和约束，终极目的在于给予代理人适合的发展机会和发展空间，不断构建融洽和谐的创业氛围，从而使代理人的个人愿景融于企业的长远发展之中。

## 7.5 委托人与代理人目标融合措施选择的路径依赖性

当我们讨论了委托人与代理人目标融合机制的选择模式之后，一个很自然的问题是：为什么不同公司，其选择模式不同？这个问题主要有两个原因：一是机制选择要受到收益成本比较法则的影响；二是机制的发展是有路径依赖性的。

### 7.5.1 目标融合机制的选择要遵守收益成本比较法则

企业要根据一国的发展阶段、社会风俗、企业文化、人们习惯的行为方式、企业自身的性质和企业的管理结构及管理者的特征来设计既高效又低成本的目标融合机制，就是要设计出针对特定环境的最优的激励约束机制。任何机制的选择都涉及成本和收益问题，而且机制的效果会因人、因时、因环境而不同。所以，目标融合机制在遵守成本小、收益大的法则前提下，要灵活权变，不可千篇一律。也就是说，在不同的商业和交易环境下，存在着不同的、在当时当地最有效率的治理机制。①

威廉森（1985）② 指出，不同的交易意味着不同的契约关系，而有效的治理机制要按照不同的交易特征进行选择。衡量交易特征的因素主要有：交易频度、资产专用性、不确定性和文化、法律、道德的约束力。

一是交易频度。交易频度决定代理人事后机会主义产生的多少，频

① 参见宁向东：《公司治理理论》，374～375 页，北京，中国发展出版社，2009。

② 参见威廉森 1985 年发表的《合同关系的治理》一文。这篇文章的中译文见普特曼、克罗茨纳编：《企业的经济性质》，131 页，上海，上海财经大学出版社，2000。

度高的交易往往事后机会主义少。由于交易频度高，出售商品的人会注重重复交易，也就是我们所讲的注意吸引回头客。[①] 二是资产专用性。当交易一方进行了专用性投资以后，交易的对象就可以利用他的交易优势进行事后机会主义行为，使对方利益受损。三是不确定性。交易越不确定，代理人事后机会主义可能性就越大。四是文化、法律、道德的约束力。文化、法律、道德环境等约束效果越强，代理人事后机会主义行为发生的可能性就小，反之，代理人出现事后机会主义行为的可能性就大。

根据相关理论和公司实践，委托人在识别代理人的目标偏好后，可能知道对代理人应该设计什么样的激励约束机制，而且会有很多措施组合可以选择。那么到底选择哪一种激励约束组合？衡量激励约束组合是否有效的标准是什么？这个问题，我们可以用财务中最基本的法则来解决，就是用成本收益比较法则来衡量，选择“净现值”[②] 最大的激励约束组合。机制的选择是一个权衡比较过程：一是要对机制的效果进行权衡比较；二是要对机制的运行成本进行权衡比较。最终机制的选择是成本和收益两个方面的权衡。[③]

### 7.5.2　目标融合机制选择的路径依赖性

除了以上成本与收益比较问题外，激励约束机制的选择还有路径依赖性，这也是各公司激励约束机制五花八门、个性化十足的主要原因。

激励约束机制的效率表现为对周围环境的适应性，包括对政策法

① 参见宁向东：《公司治理理论》，374～375 页，北京，中国发展出版社，2009。

② 在财务上，净现值是将未来各期收入与支出分别折现并相减所得，其含义有两方面：一是投入产出，即成本收益比较；二是体现资产的时间价值。

③ 参见宁向东：《公司治理理论》，374～375 页，北京，中国发展出版社，2009。

律、技术、历史传统等环境因素的适应性。激励约束机制不仅应对环境的变化作出反应，而且应主动地去适应环境的变化。一般来说，激励约束机制依经济技术条件、法律文化、社会风俗、行业特点等的差别而异，存在路径依赖性。既然不同的国家具有不同的文化背景，处于不同的经济发展阶段，因而在市场机制发育程度、资金水平上存在差别，则各自具有适宜的激励约束机制。所以激励约束机制组合模式是多样的、特殊的，而且处于不断的制度创新之中，这正是公司治理适应性效率的体现。

任何制度演进都有其特有的路径依赖性，在企业发展实践中，各公司创建和借鉴了形式各异的激励约束机制，有些激励约束机制已被淘汰，而有些激励约束机制被保留下来。而激励约束机制的取舍，首先要比较成本收益，然后要考虑各种机制的互补性。当公司的业绩较突出时，这个公司的激励约束模式就会受到普遍的关注和推崇。而业绩较差的公司，会对先进公司的激励约束机制进行借鉴和引进，因而激励约束机制往往也是业绩较差公司“现代化策略”的一部分。评价不同的激励约束机制涉及三个问题：一是决定激励约束机制差异的关键因素是什么；二是激励约束机制是否有优劣高下之分；三是激励约束机制是否可以在不同公司之间进行引进。

对于这些问题的分析，既包括对有着不同影响因素的治理体系所进行的比较研究，也包括对有着类似影响因素的治理机制进行的比较研究，还包括针对特定公司治理机制的特异性进行的研究。对不同公司的激励约束机制进行对比研究，对于后进的公司建立有效的激励约束机制具有非常重要的意义。落后地区的公司激励约束机制的建设通常由政府或行业监管部门强制推动，靠行政力量引入创新机制。而在强制引进创新机制的过程中，很多公司往往会照抄照搬发达地区、业绩突出公司的激励约束模式，甚至把认为好的各个公司的激励约束机制综合到一起，最终推出“拼装而成的激励约束机制”，并强迫企业执行。这常常会出现“东施效颦”的效应，结果不但没有达到预期效果，还会造成更大的损失。

在各种制度设计及演进的研究文献中可以发现，公司激励约束机制的设计、实施，不仅涉及外部宏观环境，包括法律体系、金融体系、政府能力与政治环境等，而且涉及产业政策、市场竞争情况等中观环境，而落后地区和国家的公司缺乏这些先进激励约束机制发挥作用的外部条件。公司的激励约束机制是社会经济制度的一部分，没有好的社会经济文化环境，是不可能有好的公司激励约束机制的，那种期望通过局部努力来形成公司治理体制的想法是不现实的。要注重分析公司激励约束机制体系形成及演变的历史路径依存和制度互补性，以回应现实中存在的治理模式的多样性。根据比较制度分析理论，制度的形成及演变具有历史路径依存和制度互补的特性（Aoki，1996，2000）。①

① 参见杨斌：《欧盟公司治理——经验与启示》，50～53页，天津，天津大学出版社，2006。

# 第 8 章 研究结论、局限性及未来展望

自伯利和米恩斯开创两权分离理论研究以来，截至目前，因“委托人与代理人目标差异”所产生的一系列代理问题仍是现代公司治理的核心。依据两权分离理论、委托代理理论和目标差异理论，本书重点对代理人有别于委托人的目标进行了实证研究。本书所提出的代理人规模偏好假设、基于中国上市公司数据及世界500强企业数据的检验，以及为实现委托人与代理人二者目标融合而进行的评价指标设计、以代理人规模偏好私人收益函数为切入点进行的激励约束机制设计等是现代公司委托代理研究领域的一次新的尝试和探索。

## 8.1 研究结论与启示

本书的研究结论与启示如下：

第一，委托人与代理人目标差异及融合理论基础回顾和相关文献综述表明，尽管根据国内外有关目标差异理论、目标融合理论以及相关影响因素等方面的研究并不能简单地得出一致的结论，但这些研究仍旧提供了一些可供参照的“规律性”。其中，众多的理论与文献均表明，代理人有别于委托人的目标明显存在，其外在表现有追求销售收入、控制权、在职消费等方面，而这些方面都与企业规模密切相关，因而是本书提出代理人规模偏好假设的基础。

第二，依据两权分离理论、委托代理理论、目标差异理论，本书对代理人规模偏好形成的相关机理进行了分析，提出代理人规模偏好是由多种主客观因素促成的：一是代理人规模偏好是“有限理性”、“羊群效应”、“泡沫”、“过度自信”等心理因素的行为反应；二是代理人出于私人收益、企业生存和发展的需要，是规模偏好形成的主要动因；三是在行为逻辑上，制度供给、市场需求中存在的规模偏好是促使代理人通过扩张规模获取制度收益和业务空间的外在推力；四是企业规模与企业相关目标存在的内在一致性，为代理人规模偏好提供了合理的解释。

第三，针对本书提出的代理人规模偏好假设，本书采用1999—2009年间我国上市公司及1997—2009年间世界500强企业为样本，对其进行了实证检验。其中，高管报酬与企业营业收入的相关系数高达0.433，且二者存在简单线性关系，而高管报酬与企业绩效的相关系数仅为0.006。因而，无论是从有效投资角度来看，还是从有利于价值增长的角度来看，目前我国上市公司绩效对高管的激励都是弱无效的，而规模增长却是强有力的激励因素。而进一步对营业收入与利润进行相关性分析，发现相关系数为0.545，说明企业规模与利润正相关，在一定程度上与股东利益一致。但从动态的角度进一步研究，营业收入增长率与利润增长率成负相关（相关系数为-0.037），也就是规模增长速度的提高伴随着利润增长速度的下降。而且进一步分析发现，有一半以上（52.71％）企业营业收入增长率大于利润增长率，说明代理人更追求规模指标而非股东财富最大化指标，而且有相当企业（35.92％）的营业收入增长率是以利润下降甚至亏损为代价的。

借助鲍莫尔（1959）“销售额的最大化”理论，对代理人规模偏好通过图示说明，代理人规模偏好在一定程度上与股东利益具有一致性，但从长远来看，与股东的根本利益是不一致的。提出企业目标不可舍本逐末，现代企业要做到稳健经营，首先要确立以股东财富最大化为最基本目标。股东财富最大化指标在反映经营管理水平和经营业绩方面最具综合性。扩大经营规模只是一种手段。如果将手段上升为企业的最终目标，不顾企业自身条件和素质，盲目追求外延式的扩张，很容易导致企业行为的异化和扭曲。股东财富最大化要以价值的可实现性和变现能力为前提。规模是效率的必要条件，但不是充分条件。企业规模只有与竞争力结合起来才有实际意义。同时理解规模经济必须动态化，规模经济的实现受内部、外部条件共同影响。

第四，依据人性假设理论、行为理论、激励相容理论和相关激励约束机制文献研究，本书从企业的盈利能力、发展能力、偿债能力三个方面设计对代理人的显性业绩评价指标，同时强调企业要根据自身情况，重视隐性评价指标的设计，并把对显性评价指标与隐性评价指标的结合作为采取目标融合措施的参考依据。本书强调在设计考核指标时，应体现股东财富最大化与经营者规模偏好业绩指标的良好结合，兼顾二者目标的共性与差别。评价指标具有如下特点：一是充分体现投入回报特性，以股东财富最大化为前提；二是充分关注公司成长性，重视规模因素给包括代理人在内的所有利益相关者带来的好处；三是充分重视资产质量、债务风险，以此来保证投入回报与公司规模的同步增长，最终实现委托人与代理人目标的“最优融合”，实现公司的持续健康发展。同时，指标设计应符合以下原则：一是指标具有可比性；二是各项指标应相互制衡，具备“此消彼长”的内在机制，提高人为操控难度；三是评价指标应既能明确信托责任和义务，又能提供动力和约束；四是评价指标要有效平衡各方的利益。

第五，在代理人规模偏好理论、实证及效应分析的基础上，建立了代理人规模偏好私人收益函数及收益曲线，指出规模偏好可以为代理人带来包括报酬、声誉、在职消费、寻租等收益。本书以此为切入点，投其所好，对代理人规模偏好中积极的行为给予激励，而对其消极行为予以约束，并构建了“以股东财富最大化为目标导向的六位一体激励约束模型”。同时提出，目标融合机制选择具有路径依赖性。首先，目标融合机制的选择应考虑到成本收益比较，在此前提下，要考虑一国的经济发展阶段、社会风俗、政治状况、企业所处的行业特点及企业自身发展阶段等相关因素。由于任何目标融合机制的形成都有相应的路径依赖性，因而各种机制间除了共性表现外，更多体现的应该是个性差异。所以在现实中不存在一套放之四海而皆准的成功模板，“适合的就是最好的”。不同的目标融合机制具有借鉴性，但不能照搬。目标融合机制只要有利于本企业的成长发展，收益大于成本就是最好的。在代理人可以利用信息不对称追求自己的利益时，单纯地分享激励和声誉并不能消除其道德风险，必须采取激励、监管与惩罚的一揽子方法来激励约束代理人行为，从而使代理人的个人愿景融于企业的长远发展之中。

概括而言，本书依据两权分离理论、委托代理理论、目标差异理论提出了代理人规模偏好假设，并针对我国上市公司及世界500强企业对代理人规模偏好假设进行了检验。在此基础上，依据人性假设理论、行为理论、激励相容理论，并以代理人规模偏好私人收益为切入点，构建了实现委托人与代理人目标融合的指标评价体系及目标融合机制。同时指出，任何机制的形成都有路径依赖性，因而在实现委托人与代理人目标融合机制的选择上要注重“个体差异”，进行成本收益比较。其基本理念是：当代理人规模偏好中积极因素占主导、能够满足投资者的必要报酬率时，要用激励机制引导代理人为企业创造更大价值；当代理人规模偏好中消极因素占主导、投资报酬率低于同业水平或不能补偿投资者的必要报酬率时，要用约束机制对代理人行为进行限制和纠正，使其回到股东财富最大化目标上。因此，代理人规模偏好既体现了委托人与代理人的目标差异，又是实现委托人与代理人目标融合的切入点。从这一意义来看，代理人规模偏好是一把双刃剑，运用得当可以创造巨大的财富，反之，追求过度就成为毁损价值的最大元凶。

## 8.2　研究局限性与未来展望

本书提出了代理人规模偏好假设，并对 1999—2009 年我国上市公司及 1997—2009 年世界 500 强企业进行检验，是委托代理理论研究领域的新尝试。但在研究过程中仍旧存在以下局限性：

第一，本书对代理人规模偏好假设进行检验时，采用了高管报酬这一变量，但仅限于中国上市公司年度报表中披露的高管人员年度报酬，而没有将高管人员持有的股份和股票期权等其他收入考虑到报酬中去。主要是因为：一是国外公司高管报酬数据获得的难度较大；二是中国上市公司对高管人员的持股和股权激励较少，研究样本数量有限。但随着我国股票市场的进一步规范和对股权等长期激励手段的重视，高管报酬中会增加股份和期权的比重，同时随着世界经济联系的紧密，各国公司数据的可获得性也会增强。鉴于此，在本书后续的研究中，把股份及股权加入报酬研究中，并扩充国外公司研究样本使研究更加缜密和完整就显得非常有必要。

第二，本书在对代理人规模偏好的实证研究中，对于营业收入与利润的关系、营业收入增长率与利润增长率的关系的研究，都会涉及两者之间的一个内生性问题，这个问题的存在可能会给研究结果带来偏差，但对于这个问题还没有找到好的解决办法。那么，在以后的研究中，如何解决内生性问题对研究结论带来的不利影响，就成为更准确地研究代理人规模偏好的重要方面。

第三，本书对代理人规模偏好从理论上和实证上进行了论证和检验，虽然理论相对坚实，而且样本量无论从年度、地区、行业、规模角度来看都较充分完整，但缺少对个案的探究分析。在现实企业中，代理人规模偏好除了可以用相应财务指标来表示外，很多情况是“只可意会，不可言传的”。因而对代理人规模偏好的研究还应加上对企业个案的剖析推理，这样的研究“有血有肉”，更加接近真实情况，是后续研究的努力方向。

第四，本书对业绩评价指标体系进行了分析，其中涉及指标权重设计问题，虽然提出了一些确定指标权重的方法，但过于泛泛。鉴于此，在本书后续的研究中，可以考虑把高管报酬、股权收益率分别与多项评价指标进行相关性分析，并对地区、行业、规模、企业发展阶段等变量进行相应控制。通过这样的研究路径，试图发现不同指标对高管激励与股东财富增长所起作用的重要程度，进而确定评价指标的权重。

第五，本书对委托人与代理人目标融合的激励约束机制进行了论述，虽然是以代理人规模偏好私人收益函数为激励约束机制选择的切入点，具有一定的针对性与合理性，但委托人是以监督者的身份出现，与代理人相比更强调其“特殊性”，这种研究思路忽视了心理因素对企业家（代理人）的激励约束作用，显得“冰冷无情”。现实中，有效的激励约束机制受心理契约影响，具有关系导向倾向，也被称为代理人关系型心理契约。这种关系型心理契约要求以信任为基础，同时要求委托人从监督者向企业经营活动的维持者、服务者、支持者转变。鉴于此，在本书以后的目标融合机制研究中，应加强对代理人关系型心理契约的研究，并采取相应的案例研究、问卷调查等研究方法，以期对激励约束机制领域的研究进行丰富和充实。

# 参考文献

[1] Aghion, Philippe, Oliver Hart, and John Moore. "The Economics of Bankruptcy Reform," *Journal of Law, Economics, and Organization*, 1992 (8): 474-562.

[2] Alchian, Armen A., and Harold Demsetz. "Production Information Costs, and Economic Organization," *American Economic Review*, 1972 (62): 777-795.

[3] Wilson, Alex H., and Eric James Higgins. "CEO Pay/Firm Performance Sensitivity in the Insurance Industry," *Journal of Insurance Issues*, 2001 (24): 1-16.

[4] Shleifer, Andrei, and Robert W. Vishny. "A Survey of Corporate Governance," *Journal of Finance*, 1997 (6): 736-783.

[5] Demirguc-Kunt, Asli, and Vojislav Maksimovic. "Law, Finance and Firm Growth," *Journal of Finance*, 1998 (6): 2107-2137.

[6] Baker, M. "Career Concerns and Staged Investment: Evidence from the Venture Capital Industry," Working Paper, Harvard University, 2000.

[7] Baber, William R., Surya N. Janakiraman, and Sokhyon Kang. "Investment Opportunities and the Structure of Executive Compensation," *Journal of Accounting and Economics*, 1996 (21): 297-

318.

[8] Barro, J. R. , and J. R. Barro. "Pay, Performance and Turnover of Bank CEOs," *Journal of Labor Economics*, 1990 (8): 448-481.

[9] Baumol, W. J. *Business Behavior, Value and Growth*. New York: Macmillan, 1959.

[10] Holmstrom, Bengt. "Moral Hazard in Teams," *Bell Journal of Economics*, 1982 (13): 324-340.

[11] Berle, Adolf, and Gardiner Means. *The Modern Corporation and Private Property*. New York: Macmillan, 1932.

[12] Bolton, P. , and E. L. Von Thadden. "Blocks, Liquidity, and Corporate Control," *Journal of Finance*, 1998 (53): 1-25.

[13] Boycko, Shleifer and Vishny. "Voucher Privatization," *Journal of Financial Economics*, 1999 (35): 248-266.

[14] Brian, Hall, and Kevin Murphy. "Option Value Does Not Equal Option Cost," *World at Work Journal*, 2001 (23).

[15] Brickley, J. , J. Coles and R. Terry. "Outside Directors and Adoption of Poison Pills," *Journal of Financial Economics*, 1994 (35): 371-390.

[16] Claessens, S. "The Separation of Ownership and Control in East Asian Corporation," *Journal of Financial Economics*, 2000 (58): 81-112.

[17] Coase, R. H. *The Firm, the Market, and the Law*. University of Chicago Press, 1991.

[18] Coase. R. H. "The Nature of the Firm," *Economica*, 1937 (16): 386-405.

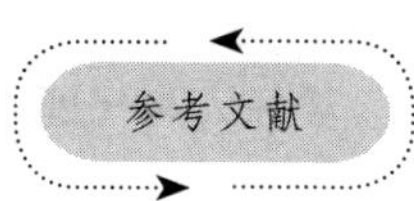


[19] Conyon, M. , P. Gregg, and S. Machin. "Taking Care of Business: Executive Compensation in the United Kingdom," *The Economic Journal*, 1995 (105): 704-714.

[20] Core, J. , R. Holthausen, and D. Larcker. "Corporate Governance, Chief Executive Officer Compensation, and Firm Performance," *Journal of Financial Economics*, 1999 (51): 371-406.

[21] Cosh, A. D. , and A. Hughes. "The Anatomy of Corporate Control: Directors, Shareholders and Executive Remuneration in Giant US and UK Corporations," *Cambridge Journal of Economics*, 1987 (11): 285-213.

[22] Cotter, J. , A. Shivdasani, and M. Zenner. "Do Independent Directors Enhance Target Shareholder Wealth During Tender Offers?," *Journal of Financial Economics*, 1997 (43): 195-218.

[23] Campbell, Cynthia J. , and Charleys E. Wasley. "Stock-based Incentive Contract and Management Performance: A Case of Ralston Purina Company," *Journal of Financial Economics*, 1999 (52): 195-217.

[24] Dahya, Y. , J. J. McConnell, and N. G. Travols. "The Cadbury Committee, Corporate Performance, and Top Management Turnover," *The Journal of Finance*, 2002 (1): 461-483.

[25] Alexander, David, and Simon Archer. *Miller International Accounting Standards Guide*. Aspen Publishers, 2003.

[26] Denis, D. , and T. Kruse. "Managerial Discipline and Corporate Restructuring Following Performance Declines," *Journal of Financial Economics*, 2000 (55): 391-424.

[27] Demsetz, Harold. "The Structure of Ownership and the Theory of the Firm," *Journal of Law and Economics*, 2002 (65): 337-363.

[28] Dirk Brounen, Abe de Jong, and Kees. "Corporate Finance in Europe: Confronting Theory with Practice," *Financial Management*, 2004: 71-101.

[29] Dyck, A., and I. Zingales. "Why Are Private Benefits of Control So Large in Certain Countries and What Effect Does This Have on Their Financial Development," Working Paper. University of Chicago, 2001.

[30] Smith, D. Gordon. "Corporate Governance and Managerial Incompetence: Lessons From Kmart," *North Carolina Law Review*, 1996 (74): 1037-1139.

[31] Donaldson, D. *Managing Corporate Wealth: The Operations of a Comprehensive Financial Goals System*. New York: Praeger, 1984.

[32] Easterbrook, F. "Two Agency-cost Explanations of Dividends," *American Economic Review*, 1984 (74): 650-659.

[33] Kane, Edward J. "Using Deferred Compensation to Strengthen the Ethics of Financial Regulation," NBER Working Paper Series, 2001 (8399).

[34] Ehrhardt, M. C. *The Search Value: Measuring the Company's Cost of Capital*. Oxford University Press, 1994.

[35] Eisenberger, T., S. Sundgren, and M. Wells. "Larger Board Size and Decreasing Firm Value in Small Firms," *Journal of Financial*

*Economics*, 1998 (48): 35-54.

[36] Estrin and Rosevear. "Enterprise Performance and Corporate Governance in Ukraine," *Journal of Comparative Economics*, 1999, 27 (3): 442-458.

[37] Fama, E. "Agency Problem and the Theory of the Firm," *Journal of Political Economy*, 1980 (88): 288-307.

[38] Fama, E., and K. R. French. "The Cross-Section of Expected Stock Returns," *Journal of Finance*, 1992 (47): 427-465.

[39] Fama, Eugene F., and Michael C. Jensen. "Separation of Ownership and Control," *Journal of Law and Economics*, 1983 (26): 281-356.

[40] Fluck, Zsuzsanna. "The Dynamics of Management-Shareholder Conflict," *Review of Financial Studies*, 1998 (11): 383-418.

[41] Frank, Mayer. "Corporate Owership and Control in the UK, Germany, and France," *Journal of Applied Corporate Finance*, 1997 (9): 30-45.

[42] Weston, J. Fred, Kwang S. Chung, and Juan A. Siu. *Takeovers, Restructuring, and Corporate Governance*. Prentice Hall, 1998.

[43] Furtado, E., and M. Rozeff. "The Wealth Effects of Company Initiated Management Changes," *Journal of Financial Economics*, 1987 (18): 147-160.

[44] Gibbons, R., and K. Murphy. "Optimal Incentive Contracts in the Presence of Career Concern: Theory and Evidence," *Journal of Political Economy*, 1992 (100): 468-505.

[45] Gilson, V., and C. Park, "Board Leadership Structure and

CEO Turnover," *Journal of Corporate Finance*, 2002 (8): 49-66.

[46] Grossman, S., and O. Hart. "The Cost and Benefits of Ownership and Control," *Journal of Law and Economics*, 1965 (73): 110-120.

[47] Graham, J. R., and R. H. Campbell, "The Theory and Practice of Corporate Finance: Evidence from the Field," *Journal of Financial Economics*, 2001 (5): 187-243.

[48] Hallock, K. "Reciprocally Interlocking Boards of Directors and Executive Compensation," *Journal of Financial and Quantitative Analysis*, 1997 (32): 331-334.

[49] Harris, M., and A. Raviv. "Corporate Control Contests and Capital Structure," *Journal of Financial Economics*, 1988 (20): 55-86.

[50] Hart, Oliver D., and John Moore. "Property Rights and the Nature of the Firm," *Journal of Political Economy*, 1990 (98): 1119-1158.

[51] Hart, Oliver D. "Corporate Governance: Some Theory and Implications," *The Economic Journal*, 1995, 105 (430): 673-689.

[52] Hermalin, B., and M. Weisbach. "The Determinants of Board Composition," *Rand Journal of Economics*, 1988 (19): 589-606.

[53] Huson, Mark R., Paul H. Malatesta, and Robert Parrino. *Managerial Succession and Firm Performance*, unpublished manuscript, University of Alberta, 1999.

[54] Israel, R. "Capital Structure and the Market for Corporate

Control: The Defensive Role of Debt Financing," *Journal of Finance*, 1991 (46): 1391-1409.

[55] Jensen and Meckling. "Rights and Production Functions: An Application of Labor-managed Firms and Co-determination," *Journal of Business*, 1979 (52): 466-507.

[56] Jensen and Meckling. "The Theory of the Firm: Managerial Behavior, Agency Costs and Ownership Structure," *Journal of Financial Economics*, 1976 (3): 305-360.

[57] Jensen, M. C. "Agency Cost of Free Cash Flow: Corporate Finance, and Takeovers," *American Economic Review*, 1986 (76): 323-329.

[58] Jensen, M. C., and K. J. Murphy. "Performance Pay and Top-Management Incentive," *Journal of Political Economy*, 1990 (98): 225-264.

[59] Jensen, M. C. "The Modern Industrial Revolution, Exit, and the Failure of Internal Control Systems," *Journal of Finance*, 1993 (48): 831-880.

[60] Jensen, M. C., and C. W. Smith. *The Theory of Corporate Finance: A Historical Overview*. New York, NY: McGraw-Hill, 1984.

[61] John, K., and L. H. P. Lang. "Insider Trading around Dividend Announcements: Theory and Evidence," *Journal of Finance*, 1991 (46): 1361-1389.

[62] Jensen, G., and J. Johnson. "The Dynamics of Corporate Dividend Reductions," *Financial Management*, 1995 (24): 31-51.

[63] Zwiebel, Jeffrey. "Dynamic Capital Structure under Manage-

rial Entrenchment," *The American Economic Review*, 1996 (12): 1211-1197.

[64] Johnson, W. Bruce, Robert Magee, Nandu Nagarajan, and Harry Newman. "An Analysis of the Stock Price Reaction to Sudden Executive Deaths: Implications for the Management Labor Market," *Journal of Accounting and Economics*, 1985 (7): 151-174.

[65] Campbell, John Y., Andrew W. Lo, and A. Craig Mackinlay. *The Econometrics of Financial Markets*, New Jersey: Princeton University Press, 1997.

[66] Gaspar, Jose-Miguel, and Massimo Massa. "Shareholder Investment Horizons and the Market for Corporate Control," *Journal of Financial Economics*, 2005 (76): 135-165.

[67] Karen, F. R. *A Blueprint for Corporate Governance*. AMACOM: American Management Association, 2004.

[68] Kaplan, S., and Bernadette Minton. "Appointments of Outsiders to Japanese Boards: Determinants and Implications for Managers," *Journal of Financial Economics*, 1994 (36): 225-258.

[69] Kaplan, Steven N., and Luigi Zingales. "Investment-cash Flow Sensitivities Are Not Valid Measures of Financing Constraints," *Quarterly Journal of Economics*, 2000 (115): 707-712.

[70] Klein, A. "Firm Performance and Board Committee Structure," *Journal of Law and Economics*, 1998 (41): 275-299.

[71] Kole, S. "The Complexity of Compensation Contracts," *Journal of Financial Economics*, 1997 (43): 79-104.

[72] La Porta, Rafael, Florecio Lopez-de-Silanes, Andrei Shleifer,

and Robert Vishney. "Investor Protection and Corporate Governance," *Journal of Financial Economics*, 2000 (58): 3-27.

[73] Lease, R., and J. McConnell. "The Market Value of Control in Publicly Traded Corporation," *Journal of Financial Economics*, 1983 (11): 439-470.

[74] Lemmon, M., and K. Lins. "Ownership Structure, Corporate Governance, and Firm Value: Evidence from the East Asian Financial Crisis," *Journal of Finance*, forthcoming, 2003.

[75] Lins, K., and H. Servaes. "International Evidence on the Value of Corporate Diversification," *Journal of Finance*, 1999 (54): 2215-2239.

[76] Marris, R. *The Economic Theory of Managerial Capitalism*. Glencoe, IL: Free Press, 1964.

[77] McConnell, J., and H. Servaes. "Equity, Ownership and the Two Faces of Debt," *Journal of Financial Economics*, 1995 (39): 131-157.

[78] Miller, Merton H. "Do the M&M Propositions Apply to Banks?," *Journal of Banking and Finance*, 1995 (19): 3-5.

[79] Miller, Edward D. "Risk, Uncertainty, and Divergence of Opinion," *Journal of Finance*, 1977 (32): 1151-1168.

[80] Morck, R., A. Shleifer, and R. Vishny. "Management Ownership and Market Valuation: An Empirical Analysis," *Journal of Financial Economics*, 1988 (20): 293-315.

[81] Myers, S. C., and Nicholas S. Majluf. "Corporate Financing and Investment Decision When Firms Have Information That Inves-

tors Do Not Have,"*Journal of Financial Economics*, 1984 (13): 187-221.

[82] Narayanan, M. P. "Managerial Incentives for Short-term Results," *Journal of Finance*, 1985 (40): 1469-1484.

[83] Neumann, R., and T. Voetmann. "Top Executive Turnovers: Separating Decision and Control Rights,"*Managerial and Decision Economics*, 2005 (26): 25-37.

[84] Ning, Xiangdong. "The Policy Enforcement in the Transition: A Case in Chinese Coal Industry," in Proceedings of the 4th International Conference of Economic Transition.

[85] Mahoney, Paul G., and Mark Weinstein. "The Appraisal Remedy and Merger Premiums," *American Law and Economics Review*, 1999 (1): 239-275.

[86] Ross, S. A. "The Arbitrary Theory of Capital Asset Pricing," *Journal of Economic Theory*, 1976 (12): 101-121.

[87] Ross, S. A. "The Economic Theory of Agent: The Principal's Problem," *American Economic Review*, 1973 (63).

[88] Ross, S. A., Randolph W. Westerfield, and Jeffrey Jaffe. *Corporate Finance* (*Sixth Edition*). The McGraw-Hill Companies, Inc., 2002.

[89] Ross, S. A. "The Determination of Financial Structure: The Incentive Signaling Approach,"*Bell Journal of Economics*, 1977 (8): 23-40.

[90] Rozeff, M. S. "Growth, Beta and Agency Costs as Determinants of Dividend-Payout Ratios,"*Journal of Financial Research*, 1982

(Fall): 249-259.

[91] Thompson, Robert B. "Exit Liquidity and Majority Rule: Appraisal's Role in Corporate Law," *Georgetown Law Journal*, 1995 (1): 36-60.

[92] Gilson, Ronald J., and Jeffrey N. Gordon. "Controlling Controlling Shareholders," *University of Pennsylvania Law Review*, 2003 (152): 785-843.

[93] Schultz, T. W. "Investment in Human Capital," *The American Economic Review*, 1961 (51): 1-17.

[94] Stiglitz, Joseph E., and Andrew Weiss. "Credit Rationing in Markets with Imperfect Information," *American Economic Review*, 1981 (71): 393-410.

[95] Thomsen, S., and T. Pedersen. "Ownership Structure and Economic Performance in the Largest European Companies," *Strategic Management Journal*, 2000 (21): 687-696.

[96] Warner, J. B., R. L. Watts, and K. H. Wruck. "Stock Prices and Top Management Changes," *Journal of Financial Economics*, 1988 (20): 461-492.

[97] Williamson, O. E. "The Economics of Organization: The Transaction Cost Approach," *American Journal of Sociology*, 1964 (87): 548-577.

[98] Williams, J. B. *The Theory of Investment Value*. Cambridge, Mass: Harvard University Press, 1938.

[99] Wells, P. "Earnings Management Surrounding CEO Changes," *Accounting and Finance*, 2002 (142): 169-193.

[100] Yermack, D. "High Market Valuation of Companies with a Small Board of Directors," *Journal of Finance*, 1997 (52): 449-476.

[101] Zajac E. L., and J. D. Westphal. "The Costs and Benefits of Managerial Incentives and Monitoring in Large U. S. Corporations: When Is More Not Better?," *Strategic Management Journal*, 1994 (15): 121-142.

[102] 乔尔・巴肯. 公司：对利润与权力的病态追求. 上海：上海人民出版社，2008.

[103] 阿道夫・A・伯利，加德纳・C・米恩斯. 现代公司与私有财产. 北京：商务印书馆，2005.

[104] 阿迈德・贝克奥伊. 会计理论. 西安：陕西人民出版社，1991.

[105] 马克・J・洛. 强管理者　弱所有者. 上海：上海远东出版社，2000.

[106] 小艾尔弗雷德・D・钱德勒. 看得见的手——美国企业的管理革命. 北京：商务印书馆，1987.

[107] 新帕尔格雷夫经济学大辞典（第 3 卷）. 北京：经济科学出版社，1992.

[108] 蔡来兴. 全球 500 强. 上海：上海人民出版社，1999.

[109] 陈冬华，陈信元，万华林. 国有企业中的薪酬管制与在职消费. 经济研究，2005 (2).

[110] 陈冬华，梁上坤，蒋德权. 不同市场化进程下高管激励契约的成本与选择：货币薪酬与在职消费. 会计研究，2010 (11).

[111] 陈信元，朱红军. 转型经济中的公司治理. 北京：清华大学出版社，2007.

[112] 陈咏英. 公司多元化的经济后果——基于代理成本角度的经验证据. 北京：中国财政经济出版社，2008.

[113] 陈震. 上市公司高管报酬理论分析与影响因素实证研究. 北京：经济科学出版社，2008.

[114] 程立. 公司治理、多元化与企业绩效. 上海：复旦大学出版社，2008.

[115] 董守才，张少华. 我国工业企业规模的分析. 统计研究，1989 (6).

[116] 高闯，关鑫. 比较管理的研究对象与边界. 中国工业经济，2010 (12).

[117] 高闯，邵剑兵. 公司治理模式的演进机理及发展趋势. 经济社会体制比较，2006 (1).

[118] 高明华. 中国上市公司高管薪酬指数报告. 北京：经济科学出版社，2010.

[119] 高义. 高管人员报酬与企业规模变动关系的实证分析——来自中国上市公司的证据. 山西财经大学学报，2008 (5).

[120] 黄津孚. 现代企业管理原理. 北京：首都经济贸易大学出版社，2007.

[121] 黄津孚. 机会主义造成了美国次贷危机. 经济与管理研究，2009 (3).

[122] 黄明. 公司制度分析. 北京：中国财政经济出版社，1997.

[123] 荆新，王化成，刘俊彦. 财务管理学. 北京：中国人民大学出版社，2009.

[124] 李琦. 上市公司高级经理人薪酬影响因素分析. 经济科学，2003 (6).

[125] 李琦. 浅论国有企业管理者权力和薪酬激励. 经济研究导刊, 2010 (22).

[126] 李维安. 公司治理. 天津: 南开大学出版社, 2006.

[127] 李维安, 李建标, 张俊喜. 公司治理理论精要. 北京: 机械工业出版社, 2006.

[128] 李增泉. 国家控股与公司治理的有效性——一项基于中国证券市场的实证研究. 北京: 经济科学出版社, 2005.

[129] 李增泉. 激励机制与企业绩效——一项基于上市公司的实证研究. 会计研究, 2000 (1).

[130] 林斗志. 正确看待企业的强与大　经济规模≠规模经济. 安徽科技, 2002 (11).

[131] 刘斌, 刘星, 李世新, 何顺文. CEO 薪酬与企业业绩互动效应的实证检验. 会计研究, 2003 (3).

[132] 刘琛君. 企业是否越大越好——浅谈企业规模效应与应变能力的权衡. 现代商业, 2010 (3).

[133] 刘佳刚. 公司控制权收益问题研究. 长沙: 湖南人民出版社, 2009.

[134] 罗谨. 对企业规模的再认识. 现代经济探讨, 2000 (10).

[135] 罗志如, 范家骧, 厉以宁, 胡代光. 当代西方经济学说(上). 北京: 北京大学出版社, 1989.

[136] 马洪. 中国工业经济管理 (上册). 北京: 经济管理出版社, 1986.

[137] 马磊, 徐向艺. 公司治理若干重大理论问题述评. 北京: 经济科学出版社, 2008.

[138] 马连福. 公司内部治理机制研究——中国的实践与日本的经

验．北京：高等教育出版社，2005.

［139］宁向东．公司治理理论．北京：中国发展出版社，2009.

［140］戚聿东．国有企业信用关系与资本结构调整．中央财经大学学报，2001（9）．

［141］戚聿东．垄断的资源配置效应分析．学习与探索，2000（1）．

［142］戚聿东．中国公司理论发展的演变．首都经济贸易大学学报，2000（2）．

［143］戚聿东，柳学信．我国垄断行业的公司治理模式．改革财经问题研究，2010（4）．

［144］戚聿东，边文霞，周斌．我国国有经济规模的合理区间探讨．当代财经，2002（8）．

［145］戚聿东，吴冬梅，徐炜．从“企业组织学导论”到“内外主体平衡论”——评郑海航教授对企业组织理论的系统研究．会计之友，2010（8）．

［146］戚聿东，徐炜．国有独资公司董事会与监事会制度研究．首都经济贸易大学学报，2008（1）．

［147］戚聿东，钟涵．委托代理条件下企业家的规模偏好及其矫正．经济管理与研究，2009（11）．

［148］钱颖一．企业的治理结构改革和融资结构改革．经济研究，1995（1）．

［149］钱颖一．激励与约束．经济社会体制比较，1999（5）．

［150］曲扬．我国转型时期中的公司治理模式选择．北京：对外经济贸易大学出版社，2009.

［151］芮明杰．管理学——现代的观点．上海：上海人民出版社，2003.

[152] 孙永祥. 公司治理结构：理论与实证研究. 上海：上海人民出版社，2003.

[153] 石建中. 企业规模与企业边界. 湖北社会科学，2009 (10).

[154] 汤谷良. 管理增长——民营企业财务战略的首要任务. 财务与会计，2008 (6).

[155] 魏良益. 企业规模制约因素分析. 软科学，2006 (3).

[156] 吴冬梅，边文霞. 公司治理概论. 北京：首都经济贸易大学出版社，2006.

[157] 薛和生. 改革中的企业规模与企业行为合理化. 经济体制改革，1988 (4).

[158] 杨斌. 欧盟公司治理——经验与启示. 天津：天津大学出版社，2006.

[159] 杨宏儒. 工业组织与经济增长的理论研究. 北京：三联书店出版社，1994.

[160] 杨瑞龙，刘江. 经理报酬、企业绩效与股权结构的实证研究. 江苏行政学院学报，2002 (1).

[161] 杨自然. 公司治理的中国模式. 北京：社会科学文献出版社，2009.

[162] 张德. 组织行为学. 北京：高等教育出版社，2005.

[163] 张涛，王丽萍. 股权结构、激励机制与治理效率的研究. 北京：中国财政经济出版社，2008.

[164] 张维迎. 华企且慢进军世界500强. 经营管理者，2008 (1).

[165] 张银杰. 公司治理——现代企业制度新论. 上海：上海财经大学出版社，2010.

[166] 赵玲. 公司治理：理论与制度. 北京：法律出版社，2009.

［167］郑海航，戚聿东，吴冬梅．对完善国有独资公司董事会监事会及关系探讨．经济与管理研究，2008（1）．

［168］郑海航，戚聿东，吴冬梅．国有资产管理体制与国有控股公司研究．北京：经济管理出版社，2010．

［169］郑海航．利润是硬道理．当代经理人，2010（8）．

［170］周菁．上市公司高管报酬的影响因素分析——基于房地产行业的实证研究．财会通讯，2010（18）．

［171］周小川．我国公司治理结构急需完善．领导决策信息，2001（9）．

［172］朱建武．中小银行规模扩张的动因与行为逻辑．经济管理，2007（11）．

［173］朱琪．转型经济中的公司治理：公司控制权的视角．北京：人民出版社，2008．

［174］宗明华．关于规模研究．经济问题探索，1987（9）．

［175］邹昭晞．论企业资源与能力分析的三个纵向链条——价值链、供应链与产业链．首都经济贸易大学学报，2006（5）．

# 后　记

我希望我们的讨论才刚刚开始。毫无疑问，您已经看到了我尚未发现的互联网时代商业模式的委托代理问题，您可以进一步作出修正，增加论据，分享经验。

其实很早就对委托代理话题有兴趣，但很长时间仅仅是兴趣而已。承蒙戚聿东教授提出的“企业家规模偏好”系列，这一“新的角度”令人心动。从那以后，便有了《委托人与代理人的目标冲突及融合》的酝酿与写作，而戚聿东教授也因此付出了大量心血，不仅成就了我的博士论文，而且鼓励支持我，让这篇论文得以以书的面貌问世。

记得六年前，我曾激情地写道：“要忠诚地观察、思考、记录社会经济现象，做一个有良知、有智慧的学者。”此刻，书稿已修改完成，我不由茫然：这些文字，忠实于我的内心吗？六年来，虽经历了诸多人生瞬息之悲喜，有些麻木不惊，然而面对这些文字，仍不免伤感且欣慰。

感谢生命中的所有点滴，赐予我清理自己心灵的勇气，让我敬畏地对待每一个文字。

感谢我的父母，教我做一个善良的人，让我的灵魂在人世的风雨中不会迷失。

感谢我的丈夫、儿子，我们共同经营了一个始终可以获得温暖与支持的家。

最后，感谢未曾谋面的读者，没有什么比心灵的交流更值得期待和珍视的了。

张孝梅

2014 年 10 月 8 日

**图书在版编目（CIP）数据**

委托人与代理人的目标冲突及融合/张孝梅著．—北京：中国人民大学出版社，2014.12

ISBN 978-7-300-20214-3

Ⅰ.①委… Ⅱ.①张… Ⅲ.①委托代理-研究 Ⅳ.①F271

中国版本图书馆 CIP 数据核字（2014）第 243104 号

**委托人与代理人的目标冲突及融合**

张孝梅　著

Weituoren yu Dailiren de Mubiao Chongtu ji Ronghe

| | | | |
|---|---|---|---|
| **出版发行** | 中国人民大学出版社 | | |
| **社　　址** | 北京中关村大街 31 号 | **邮政编码** | 100080 |
| **电　　话** | 010－62511242（总编室） | | 010－62511770（质管部） |
| | 010－82501766（邮购部） | | 010－62514148（门市部） |
| | 010－62515195（发行公司） | | 010－62515275（盗版举报） |
| **网　　址** | http://www.crup.com.cn | | |
| **经　　销** | 新华书店 | | |
| **印　　刷** | 唐山玺诚印务有限公司 | | |
| **开　　本** | 720 mm×1000 mm　1/16 | **版　　次** | 2015 年 1 月第 1 版 |
| **印　　张** | 13.25 插页 1 | **印　　次** | 2024 年 6 月第 2 次印刷 |
| **字　　数** | 159 000 | **定　　价** | 76.00 元 |